Originaltitel: *ONG, il cavalllo di Troia del capitalismo globale*,
Zambon, Frankfurt am Main 2018
Übersetzung aus dem italienischen: Dr. Anton Stengl

Satz und Gestaltung: Fabio Biasio
zambon@zambon.net
www.zambon.net
ISBN 978 3 88975 279 6

Sonia Savioli

NGO

DAS TROJANISCHE PFERD DES GLOBALEN KAPITALISMUS

ZAMBON

Inhalt

Vorwort - damit wir uns gleich verstehen

In einer Welt, in der Politik und Religion sich gegenseitig immer mehr durchdringen, geht die Ausübung der Macht auf jene Verbreiter von Spiritualität über, welche die Kloster sind. … Vor allem Dagobert begünstigte die Missionen zur Unterstützung der Integration. (Jacques Le Goff – Der Mensch des Mittelalters, Dagobert)

Stefan zwingt dem ganzen Land das Christentum auf: Es lässt Missionare kommen und kämpft unaufhörlich gegen den Widerstand der heidnischen Stammeschefs… die Abschaffung der Stammesstruktur und die Umwandlung der Territorien der Clan um eine Burg herum, die von einem Grafen beherrscht wird. (Jacques Le Goff – Der Mensch des Mittelalters, Der Heilige Stefan).

Sowohl Dagobert als auch Stefan hatten damit zu tun, Länder und Völker zu einen, die keinerlei Bedürfnis verspürten, geeint zu werden. Es wurden Königreiche oder Imperien geschaffen – mit Plünderungen, Kriegen, Morden, Verwüstungen und Folter. Aber dann, in Anbetracht dessen, dass es kontraproduktiv ist, ein ganzes Volk auszulöschen, das man eigentlich ausbeuten will, musste man es unterrichten und überzeugen. Kulturen wurden vernichtet, moralischer und idealistischer Widerstand eliminiert, um eine Kultur der Beherrschung und der Sklaverei durchzusetzen.

Nach dem Fall des Römischen Reiches waren auch wir Europäer Wilde, Zurückgebliebene und nur fast Freie. Und wir hatten das Bedürfnis, dass man uns dabei hilft, uns weiterzuentwickeln, wie schon das Römische Reich uns und andere Völker weiterentwickelt hatte - indem uns die gemeinsamen Ländereien weggenommen und die Gemeinschaften zerstört wurden. Langsam und allmählich wurden wir mit Hilfe der Kirche und ihrer Missionare zivilisiert. Statt Gleichheit und Würde wurde uns zu jener Zeit Unterwürfigkeit und Resignation beigebracht. An die Stelle des gemeinsamen Eigentums an Produktionsmitteln, was damals das Land war, setzte man Ausbeutung und Mitleid. An die Stelle des Kampfes für die eigenen Rechte trat die Hoffnung auf das Königreich im Himmel.

Jetzt sind „die anderen“ dran.

Die Geschichte der ökonomischen, politischen und kulturellen Herrschaft hatte jahrhundertelang die Kirche im Mittelpunkt. Ging es darum, Länder und Völker zu erobern, kamen die Missionare als kulturelle Abgesandte der Länder und Völker, die dann eroberten. Nach nunmehr über tausend Jahren der Flankendeckung der Wirtschaftsmächte, so grausam und tyrannisch sie auch gewesen waren, sind die christlichen Kirchen diskreditiert. Nach fast zweitausend Jahren der Widersprüchlichkeit, die einen Teil ihrer Priester, Schwestern und Missionare dazu brachten, für die Armen Stellung zu beziehen und auf ihrer Seite zu kämpfen, sind sie konfus und wenig vertrauenserweckend. Heute haben wir an der Stelle der Kirchen (die allerdings weiterhin eine nicht zu unterschätzende Rolle spielen) die „Philanthropen".

Und die Philanthropen sind in der Ära des triumphierenden und superorganisierten Kapitalismus regelrechte Unternehmen, nicht des Produktionsbereichs, aber des Tertiärsektors.

Man nennt sie allerdings nicht Unternehmen. Sie nennen sich „Wohltätigkeitsstiftungen", Nichtregierungsorganisationen, Non-Profit-Organisationen oder Humanitäre Organisationen. Es sind die Missionare des post-industrialisierten Westens.

Wie schon in der Vergangenheit denken viele der „Missionare", die draußen im Feld aktiv sind, den Völkern, die noch nicht die Erleuchtung der Industriezivilisation und deren Fortschritt, die westliche „Demokratie" und deren Rechte genossen haben, etwas Gutes zu tun. Wie schon in der Vergangenheit handeln einige dieser Missionare, ebenfalls wie in der Vergangenheit eine verschwindende Minderheit, tatsächlich zu Gunsten der Gemeinschaften, denen sie helfen wollen. Sie denunzieren den Missbrauch der Multinationalen, sie versuchen, die Mittel für eine wirtschaftliche Autonomie und eine kollektive Arbeit zu besorgen, sie kämpfen an deren Seite gegen die „Conquistadores". Aber diese verschwindende Minderheit hat nicht die Ehre, in den Chroniken aufzutauchen, ihre ökonomischen Mittel sind sehr gering.

Der größte Teil der „Missionare" bringt seine Taler nach Hause und ist auf die Gelder der „Entwicklungshilfe" aus, ohne viel zu fragen. Andere, an den Spitzen dieses Systems, wissen sehr wohl, welchen Zwecken ihre Mission dient, so wie man es schon damals wusste.

Die Nächstenliebe und die Wohltätigkeit entstehen durch die Klassentrennung, die Ausbeutung und die Städte: Also dort, wo Reiche und Arme zusammenlebten und es von daher notwendig wurde, die soziale Ungerechtigkeit und den Zustand des Elends, in dem sich die Ausgebeuteten befanden, zumindest dem Anschein nach abzumildern.

In der globalen Stadt ist das Elend eines großen Teils der Völker der Länder, die dem Neoliberalismus und der Neokolonisation unterworfen sind, vor aller Augen.

Nur durch die soziale Ungleichheit entsteht das Elend. Eine jede Gemeinschaft von Freien und Gleichen, die eigene Produktionsmittel besitzt, ob es Land zu Kultivierung ist, Tiere zur Zucht oder Wälder, in denen man sammelt und jagt, kann zwar in bestimmten Fällen Situationen der Not erfahren, aber niemals die endemische und elende Armut, die aus der kapitalistischen Zivilisation erwächst. Die Länder, die wir die „Dritte Welt“ nennen, sind gerade in den Achtziger Jahren so verarmt, dass es zum Fürchten ist - als der globale Neoliberalismus triumphierte und sie von den westlichen Multinationalen okkupiert wurden. Dank der Rezepte des Internationalen Währungsfonds (IMF) und der Weltbank, das heißt der internationalen Institutionen, die in den Achtziger und Neunziger Jahren dem globalen Kapitalismus entstiegen sind, und noch mehr mit der Schaffung der Welthandelsorganisation (WTO) 1995 haben alle Länder der Dritten Welt und dann in Folge die früheren sozialistischen Länder einen wirtschaftlichen

Zusammenbuch erlebt. In vielen dieser Länder stürzte der Reallohn, das heißt die Kaufkraft der Werktätigen, um 60% ab. Um ein Beispiel zu nennen, in Peru waren 1991 die Reallöhne um 85% niedriger als 1974.

Das sind also die Resultate des „Kampfes gegen die Armut" unter der Führung der internationalen Institutionen, philanthropischen Stiftungen und NGO, der so gelobt und an die große Glocke gehängt wurde. Welche „Entwicklungshilfe" der multinationale Kapitalismus gibt, zeigt schon die Erfahrung Somalias. Bis in die Achtziger Jahre hinein exportierte Somalia Fleisch und war in der Ernährung seiner Bevölkerung autark. Die sogenannte Lebensmittelhilfe, insbesondere Überflüsse an Getreide und Reis aus den westlichen Ländern, sowie die aufgezwungene Politik von IMF, WTO und Weltbank ruinierten die somalischen Bauern und Somalia. Nach Schätzungen der Weltbank betrugen 1989 die Reallöhne im Öffentlichen Sektor nur noch 10% des Betrages Mitte der Siebziger Jahre[1].

Die Weltbank war zufrieden, das Ziel ihrer Politik war erreicht.

Natürlich kann man diese Ergebnisse nicht ohne die Komplizenschaft der nationalen Regierungen bekommen: Sie müssen sich aus Leuten zusammensetzen, die korrupt sind, skrupellos, aber im eigenen Land und in seiner Bevölkerung verankert sind. Ist dies nicht der Fall, muss man sie stürzen. Auch in diesem Fall können die NGOs hilfreich sein, wie wir sehen werden.

1· Chossudovsky – La globalizzazione della povertà

Mit der Ausbeutung des Menschen durch den Menschen wird die Armut zur Konsequenz, aber auch zur Notwendigkeit: Sie wird zur Bedingung der Ausbeutung.

Sich die Ressourcen anderer anzueignen, in primis das Land, ist für den Kapitalisten nicht nur ein Weg, sich zu bereichern und sein Eigentum zu vergrößern, sondern auch ein Weg, um sich mit große Mengen an billigen Arbeitskräften zu versorgen.

Dies geschah in Europa im Mittelalter, es geschieht heute auf eine recht ähnliche Art und Weise in den Ländern der globalisierten Dritten Welt. Und so wie im Mittelalter die Krankenhäuser, die wohltätigen Werke, die Leprastationen, die Klöster, die Konvente und die mitleidigen Bruderschaften erblühten, erblühen heute, in einer Welt, die der Triumph des Imperialismus und Konsumismus wie eine verfilzte Strickjacke ausgewrungen hat, die „humanitären Organisationen".

In der globalen Stadt ist keine freie oder wenigstens aufsässige Gemeinschaft mehr akzeptabel. Daher ist abgesehen von der wirtschaftlichen und/oder militärischen Eroberung auch die kulturelle wichtig. „Die Herzen und Hirne erobern!" war das wenig kohärente Motto der USA während des Vietnamkrieges. Was kann aber das Herz eines Menschen besser erobern, als Hilfe im richtigen Augenblick?

Auch wenn meist die Notwendigkeit dieser Hilfe von denen geschaffen wurde, welche dann ihre Hilfe anbieten.

„Verschiedene Nicht-Regierungsorganisationen, die von internationalen „Hilfsprogrammen" ins Leben gerufen wurden, haben

Schritt für Schritt viele Aufgaben der lokalen Verwaltung übernommen... auf diese Weise hält man die örtlichen Gemeinden gerade noch am Leben und hat zugleich das Risiko sozialer Konflikte unter Kontrolle.“[2]

Die Geschichte wiederholt sich nicht, auch sie „schreitet voran“. Was wir heute erleben, hat seine Wurzeln in der Vergangenheit und es ist immer dieselbe Geschichte. Es genügt, dies zu wissen. In einer Geschichte der Herrschaft und Ausbeutung entwickeln sich Herrschaft und Ausbeutung bis man ihnen ein Ende setzt.

2· Chossudovsky – La globalizzazione della povertà

Der Weg zur Hölle ist mit guten Absichten gepflastert

Der globale Kapitalismus hat ein Netz von Institutionen, Organisationen und übernationalen Assoziationen mit dem Ziel geschaffen, seine Politik durchzusetzen, indem er nationalen Regierungen, lokalen Institutionen und als Folge den Völkern die Macht nimmt.

Dieses Netzwerk ist ein Machtzentrum imperialen Typs, aber zum ersten Mal in der Geschichte der Menschheit, eines Weltreichs.

Die NGOs und Non-profit-Organisationen sind integrierter Teil des Dramas, welches das übernationale Netzwerk schreibt. Sie sind Abgesandte der Multis in der Dritten Welt und haben den Auftrag, Märkte für deren Produkte zu schaffen und/oder Produktionsmittel und billige Arbeitskräfte zu besorgen oder auch Kultur und Bildung, die dem globalen Kapital dienlich sind, zu verbreiten.

"Die neue Schule hatte gleichzeitig die Charakteristiken der Kanone und des Magneten. Von der Kanone hat sie die Effizienz eines Kriegsinstruments. Mehr als die Kanone bringt die ewige Eroberung... Vom Magneten hat die Schule den ausströmenden Glanz. Sie ist mit der Neuen Ordnung solidarisch, wie der Kern mit dem Magnetfeld... Man sieht die eroberten Männer entlang unsichtbarer und gebieterischer Kraftlinien ausgestreckt. Die Unordnung wird organisiert, die Revolte beruhigt, das Aufstei-

gen des Grolls klingt in den Liedern eines universellen Aktes der Dankbarkeit nach.“[3]

Natürlich stehen nicht alle NGOs im Dienste des globalen Kapitals. Es handelt sich um eine komplexe, uneinheitliche Kategorie von Organisationen. Einige von ihnen, im allgemeinen handelt es sich um die international stärksten und finanzkräftigsten Organisationen, wurden direkt von westlichen Potentaten aus Politik und Wirtschaft für ihre Zwecke geschaffen, aber andere entstanden aus der spontanen Initiative wohlgesonnener Persönlichkeiten.

Es gibt auch noch die kleinen NGOs, die fast niemand kennt. Sie wurden durch das Mitleid und das Entsetzen von Menschen geboren, die irgendwo auf der Welt das Elend gesehen und verstanden haben: Touristen, Missionare, Menschen, die dort kurzfristig arbeiteten. Es sind kleine NGOs, die ein Hilfsprojekt für die Bevölkerung voranbringen wollen und niemals von OSF und BMGF finanziert werden. Aber wenn es ihnen gelingt, zu wachsen - dann vielleicht ja, von der Kooperation zur Entwicklung. Auch anständige Leute bekommen ein paar Brösel – als Alibi und um wenigstens die Form zu wahren.

Denn das „System NGO“ ist eben ein System!

In den großen und mittleren NGOs - auch wenn sie aus den kleinen mit guten Absichten entstanden sind – geschieht es oft, dass an einem gewissen Punkt Mittel und Zweck die

3· Cheikh Hamidou Kane - L'ambigua avventura. (Es handelt sich um ein Romanzitat, der Autor ist ein senegalesischer Politiker, u. a. mehrmals Minister seines Landes. Anmerkung des Übersetzers)

Rolle tauschen. Die Organisation entstand, um den Armen zu helfen, sie wuchs, schließlich verfügt sie über bezahlte Mitarbeiter, gut bezahlte Direktoren und über Strukturen, die aufrecht erhalten werden müssen. Und die Suche nach Geld ist nicht mehr primär, um Brunnen in Tansania zu bohren, sondern um die Organisation am Leben zu halten. An diesem Punkt sucht man die Gelder dort, wo sie sind, nämlich bei denen, die in der Dritten Welt das Elend der Völker verursachten, denen man jetzt „helfen" will.

Vielleicht machte man es nicht in Tansania, da war man noch im Bilde und sauber, aber die Sache ändert sich, wenn man eine Familie zu ernähren hat...

Stiftungen, übernationale Institutionen und Regierungen geben Geld und genehmigen gewisse Projekte. Die NGOs auf der Jagd nach Geld wissen sehr gut, um welche Projekte es sich dabei handelt und richten sich danach.

Es gibt eine gewisse Berufsgruppe der Non-Profit, wie wir sehen werden. Personen, die von einer großen NGO zur anderen gehen, man kann auch von den UN zu den NGOs springen, von den Ministerien zu den NGOs und sogar von den Multinationalen zu den NGOs. Denn auf allen diesen Arbeitsplätzen werden dieselben Ziele verfolgt, also sind auch dieselben professionellen Kompetenzen gefragt. Die Beschäftigen der großen und mittleren NGOs, die sogenannten „Freiwilligen", reisen im Flugzeug quer durch die ganze Welt. In Afrika, Asien und Lateinamerika beziehen sie ihre Wohnungen in den Luxusvierteln oder den Feriendörfern, umgeben von Gärten und hohen Mauern, von der Security bewacht und mit Dienerinnen und Dienern der Dritten Welt, die für sie arbeiten. Natürlich gehört all dies zur „Entwicklungshilfe".

Viele von ihnen waren voller Ideale und voller Enthusiasmus, als sie sich dafür entschieden, sich einem bezahlten Volontariat zu widmen. Sinne und Bewusstsein stumpfen ab, um sich der Bezahlung hinzugeben.

Aber es gibt die echten NGOs, die kleinen NGOs wirklicher Freiwilliger: Menschen, die in Rente sind, sich ein Jahr freigenommen haben oder ihren eigentlichen Beruf vernachlässigen. Sie zahlen alles aus eigener Tasche, um ihre Arbeit zu machen, die Projekte voranzubringen – im Dienst der Enterbten in Haiti, Guinea Bissau oder Burkina Faso.

Das ist aktive Nächstenliebe. Es gab sie immer und es wird sie immer geben, solange die Ausbeutung des Menschen durch den Menschen anhält. Sie ist notwendig und unverzichtbar, um Mitgefühle, Brüderlichkeit und Hoffnung am Leben zu halten.

Aber in bestimmten Fällen ähnelt sie wirklich, unbewusst, der Arbeit der christlichen Missionare, welche die heidnischen Wilden bekehren wollten, um ihre Seelen zu retten. Wenn sie dabei zu ungestüm waren, konnten sie auch Federn lassen und dann Heilige werden - aber dennoch machten sie nichts Gutes.

Ist es richtig, anderen Völkern die gleiche Ausbildung zu geben wie uns? Die gleichen Techniken und Arbeitsmittel? Die gleiche Art des Wohnens? Plastikschuhe denen, die gewohnt waren, barfuß zu laufen oder mit Strohsandalen? Gewächshäuser, Traktoren und Schädlingsvernichtungsmittel denen, die mit dem Ochsen pflügten? Plastikbeutel denen, die an Körbe und Leinensäcke gewohnt waren?

Die Blinden führen die Erblindeten?

Öffnen wir die Augen. Unsere Kultur und unser Lebensstil zerstören die Quellen des Lebens und die Grundlagen der menschlichen Gemeinschaft. Wir glauben, den Völkern zu helfen, die wir geknechtet und ausgebeutet haben, indem wir sie zu bekehren und unserer Kultur und unseren Lebensstil anzunähern versuchen. Wir nehmen unsere blinde Anmaßung nicht wahr, denn wir denken immer noch, eine überlegene Zivilisation zu sein. Und leider haben wir es geschafft, dass auch ein Teil der geknechteten und ausgebeuteten Völker daran glaubt.

Dank dieser westlichen Überzeugung, die so tief verwurzelt ist, die unbewusst und „natürlich" geworden ist, konnte „das NGO-System" Wurzeln schlagen und sich verbreiten. Wir sind fortgeschritten - sie sind zurückgeblieben. Und „fortgeschritten" bedeutet für uns „besser". Gibt es vielleicht irgendeine westliche Organisation, Vereinigung, Schule oder Individuum, die nach Asien geht, um zu lernen, wie man auf steilen Terrassen Reis anbaut, mit findigen Wassersystemen, die keine Energie verbrauchen? War jemand in Afrika oder bei den amerikanischen Indianern, um zu lernen, wie man mit einem Baumstamm und einer Axt oder mit Häuten und Holz ein Kanu macht? Sind unsere Stadtplaner dorthin gegangen, um zu lernen, wie ganze Gemeinschaften in Überschwemmungsgebieten leben können, indem Pfahlbauten konstruieren und sich in Booten vorwärts bewegen?

Zu Recht gibt es aber Wissenschaftler der Multinationalen, die durch den Dschungel wandern, um den Schamanen und Hexenmeister die Geheimnisse der Heilpflanzen zu entreißen. Sie wissen, dass unsere fortgeschrittene Medizin nicht die beste ist.

Das Archipel

Etwa 50.000 Nichtregierungsorganisationen sind international aktiv. Der Geldbetrag, der ihnen zur Verfügung steht, geht in tausende Milliarden Dollar. Man berechnete, dass er 2012 sogar 1.100 Milliarden überschritt.

2014 waren 4.186 NGOs bei den UN beratend tätig.

Welche Rolle spielen sie?

„Der Beraterstatus legitimiert die NGOs als Akteure, die auf internationaler Ebene nützlich sind, direkt im System internationaler Politik eine politische Rolle einzunehmen und im gleichen institutionellen Zusammenhang mit einer Reihe von politischen Akteuren zu interagieren: auf Regierungsebene, Nichtregierungseben, übernationaler Ebene… Die internationalen Organisationen, von den UN zum Europarat, ziehen immer öfter die NGO zu den Staaten hinzu, die als wichtig erachtet werden, um Programme internationaler Zusammenarbeit zu verwirklichen.“[4]

Trotz der Verknotungen einer techno-büro-politischen Sprache können wir recht gut verstehen, dass die NGOs, wie es in den Zeiten kapitalistischer Globalisierung üblich ist, zu den Akteuren und den Mittel gehören, um das Öffentliche durch das Private zu ersetzen - sogar auf institutioneller Ebene. Die NGOs sind auf gleicher Höhe mit den Staaten, sie

---

4· unipd – centrodirittiumani.it – Lo status consultivo alle Nazioni Unite embrione di democrazia internazionale (Der Beraterstatus bei den Vereinten Nationen als Embryo internationaler Demokratie)

spielen eine politische Rolle im System (sigh!), übersetzt heißt das, auf der Ebene des globalen, sozialen und wirtschaftlichen Systems. Die NGOs sind private Vereinigungen, die niemand je gewählt hätte, sie sind keinerlei Kontrolle durch das Volk unterworfen – die Völker kennen nicht ihre Führer, ihre Programme, ihre Politik und oft nicht einmal die Bilanzen. Sie sind Unterhändler internationaler Institutionen geworden, Agenten einer Politik, die global entschieden wurde. Sie sind alles andere als Embryos einer internationalen Demokratie.

Übrigens: der Beraterstatus ermöglicht es auch, Finanzierungen und finanzielle Beihilfen der UN zu bekommen.

Im Oktober 2011 erklärte der Staatssekretär der USA, Colin Powell, während eines Treffens mit amerikanischen NGOs aus Anlass der sogenannten „Operation Enduring Freedom“ in Afghanistan - anders gesagt, in einfachen, aber wahren Worten, der Invasion und Besetzung Afghanistans:

“Ich habe die Absicht, mit den NGOs die bestmöglichen Beziehungen zu unterhalten. Sie sind für uns ein wirklicher Multiplikator unserer Kräfte, eine wichtiger Bestandteil unserer Kampfkraft.”

Und wie alle Söldner müssen sie auch entsprechend bezahlt werden.

„Amnesty International“ wird von der Europäischen Kommission finanziert, von der englischen Regierung und der Open Society Georgia Foundation des bekannten, internationalen Wohltäters George Soros, um nur einige zu nennen. Irene Khan, Leiterin von Amnesty, erregte den Widerwillen der Aktivisten, als sie sich 2009 mit einer Abfindung von

500.000 Sterling verabschiedete. Suzanne Nossel, Leiterin von Amnesty 2012-2013, hatte zuvor für amerikanische Multinationale auf dem Gebiet der Kommunikation gearbeitet, für das „Wall Street Journal" und für das State Department der USA, wo sie mit pro-israelischen Positionen und dem Eintreten für eine militärische Intervention in Afghanistan hervortat. Der aktuelle Leiter von Amnesty, Salil Shetty, bekommt ein Jahresgehalt von 210.000 Sterling.

Weiter zu „Save the Children", unter der Anklage der Zusammenarbeit mit dem CIA aus Pakistan und Syrien davongejagt. Sie bekommt Gelder von Chevron, Exxon Mobil, der Merck Foundation, der Bank of America und vielen anderen mächtigen Wirtschaftspotentaten, die auf ihrer offiziellen Homepage als Sponsoren zitiert werden. Zu ihnen gehören außer dem unvermeidlichen Soros die beiden weltweiten Wohltäter Bill und Melinda Gates, die Europäische Union und die britische Regierung – von wegen „Nichtregierungsorganisation". Einer der früheren Direktoren, Justin Forsyth, bekam 2013 ein Gehalt von 185.000 Sterling, um die Kinder zu retten. Zuvor war er Direktor von Oxfam, dann Berater von Tony Blair, dann Leiter der „strategischen Informationskampagnen" von Gordon Brown. Jetzt ist er UNICEF-Direktor. Zweifellos ein Mann für alle Jahreszeiten. Oder ist es immer dasselbe? 2014 betrug das Spitzengehalt, nennen wir es so, eines Leiters von „Save the Children" in Großbritannien 234.000 Sterling. In der Bilanz von „Save the Children International" betrug das höchste Direktorengehalt 387.000 Dollar.

„Ärzte ohne Grenzen“ hatte 2010 eine Bilanz von 1,1 Milliarden Dollar. 2014 bekam der Direktor der Organisation in den USA (Doctors Without Borders) ein Jahresgehalt von 164.000 Dollar. Um zu sparen, reiste er aber in der „Economic Class“ und war stolz darauf. Zu den Finanziers von „Ärzte ohne Grenzen“ gehören Goldman Sachs, Citigroup und Bloomberg.

Richard Rockefeller, Eigentümer und Topmanager verschiedenster Multinationaler, war 21 Jahre lang der Präsident der amerikanischen Filiale dieser wohltätigen Organisation, die sich allerdings auf Kriegsschauplätzen oft in recht zwielichtigen Positionen wiederfand. Sie wurde angeklagt, nicht neutral zu sein und nicht unbedingt auf der richtigen Seite zu stehen. Sie wurde angeklagt, wegen angeblicher Epidemien falschen Alarm gegeben zu haben – die echte Impfkampagnen nach sich zogen. Natürlich fehlten auch hier nicht Soros und Bill Gates.

Und weiter, aneignen und umverteilen, warum nicht? Zum Beispiel die Wagenladungen an Impfstoffen[5]. Offensichtlich sind die Kapitäne auf dem Schiff, die zusammen mit den Regierungen und den globalen Institutionen in ihren Diensten die Gelder für die üppigen Gehälter der Chefs der großen NGO spenden, der Meinung, es handle sich um eine Investition, die Früchte trägt.

Der globale Kapitalismus hat ein synergistisches Netzwerk der großen Industrien, der übernationalen Institutionen,

5· http://www.ilcambiamento.it/articoli/una-volta-si-chiamava-carita-pelosa-l-umanitario-funzionale-al-potere der großen Stiftungen, die übrigens unmittelbar dort ihren Ursprung haben, der Studien- und Forschungszentren und den NGOs geknüpft. In einigen Fällen sind auch sie, wie wir sehen werden, direktes Produkt des Großkapitals und eines seiner Gesichter.

Es ist das Netz einer Weltregierung, "gewählt" von den Wirtschaftspotentaten, die untereinander in Verbindung stehen und gemeinsame Interessen haben. Das Netz einer Weltregierung, anscheinend für die Völker und deren Willen undurchdringbar, deren Diktate sich die nationalen Regierungen, willentlich oder nicht, fügen müssen.

Es ist interessant, zu sehen, wie die Führer der großen NGOs sich wie Spinnen in ihrem Netz bewegen und die Fäden auf und ab laufen. Vielleicht, damit man sie aus den Augen verliert.

Ohne damit die wirklichen Spinnen, diese ehrenwerten und nützlichen Lebewesen beleidigen zu wollen.

Es ist nicht einfach, sich durch dieses Netz, diese engen Verknüpfungen aus Interessen und Einflüssen zu wühlen. Aber wie in einem wirklichen Labyrinth genügt es manchmal, einen Faden aufzunehmen und ihm immer zu folgen, bis man das Ziel erreicht und das Licht sieht.

Da die großen philanthropischen Stiftungen zu den wichtigsten Finanziers gehören und auch viele NGOs selbst erfunden haben, können wir versuchen, bei ihnen zu beginnen.

Eine kurze Überlegung. Das Lustige bei der ganzen Angelegenheit – und dadurch wird die ganze Geschichte eindeutig und unumstößlich entlarvt – ist die Tatsache, dass, wenn die jährlichen 1.100 Milliarden Dollar der NGO und der „wohltätigen Stiftungen“, die jedes Jahr ausgegeben werden, einfach an die Armen verteilt werden würden, die Armut nur noch eine Erinnerung wäre. Dies zeigt deutlich, dass diese Berge an Geld in Wirklichkeit doch nur Investitionen sind, um noch mehr Geld zu machen.

Die 36 reichsten „karitativen“ Stiftungen der Welt haben insgesamt einen Betrag von über 300 Milliarden Dollar zu Verfügung[6]. 23 von ihnen sind in den USA beheimatet. Allein die Open Society von Soros, die aber nicht zu den 36 reichsten gehört, hat in 24 Jahren 11 Milliarden Dollar ausgegeben.

Viele von ihnen beschäftigen sich mit Gesundheit, übersetzt heißt das, mit Arzneimittel. Alle streben an, die Armut zu reduzieren – aber ohne dass es gelingt. Sie bemühen sich um „Demokratie“, beeinflussen die Politik, geben Erklärungen ab und wägen ab – immer aus philanthropischen Gründen. Und alle bemühen sich um die Dritte Welt.

Die absolut reichste Stiftung ist die „Bill and Melinda Gates Foundation (BMGF)“, mit einer Dotierung von über 40 Milliarden Dollar. Die jährlichen „Spenden“ – wir könnten sie auch Investitionen nennen – belaufen sich auf Milliarden von Dollar.

Bevor wir uns mit Bill Gates und Soros beschäftigen, werfen wir einen Blick auf die zweitreichste philanthropische Stiftung der Welt, die absolut reichste in Europa, sie war zuvor im Gegensatz zu Gates und Soros unbekannt, ist aber heute die Diva der Philanthropie und der Liebling der Medien.

6· https://en.wikipedia.org/wiki/List_of_wealthiest_charitable_foundations

Sage mir, wer du bist und ich weiß, was du willst

Sie nennt sich "Wellcome Trust" und beschäftigt sich mit der Gesundheit, *„Gesundheit macht das Leben angenehmer"*, und der wissenschaftlichen Forschung, um *„Gesundheit und Krankheit zu verstehen… die Gesundheit zu verbessern… Wissenschaft über Schulprogramme, Fernsehprogramme, Bücher, Filme... zu verbreiten… akademische Projekte"*, und dulcis in fundo dementsprechend *„die Politik zu beeinflussen"*.

Abgesehen von der „Beeinflussung der Politik", was für unsere, ewig misstrauischen Ohren, die Milliardären nicht vertrauen, nicht gut klingt, scheint ja alles andere ganz richtig zu sein. Aber man sollte sich fragen: Wem gehört die Wissenschaft? Wer entscheidet, welche Bücher veröffentlicht, welche Filme produziert, welche Fernsehprogramme übertragen werden? Wer entscheidet über die universitäre Ausbildung der Jugend von heute?

Eine erste Antwort kommt für uns spontan: Sie möchten die Politik beeinflussen, damit sie Fonds zur Verfügung stellt, immer mehr, für die Erforschung von … Impfstoffen. Sie sind wegen der Gefahr von Epidemien überaus besorgt und wollen, dass sich die Führer der G20 damit beschäftigen. Sie befürchten, der Virus Ebola und der Virus Zika könnten die Menschheit vernichten und halten es für unerlässlich und dringend, gegen diese Infektionen Impfstoffe zu finden ... patentierte Impfstoffe.[7]

„Wellcome Trust“ ist einer der vielen Finanziers von „Ärzte ohne Grenzen“.[8] Eine sichere Synergie von Geldern und sogenannten Freiwilligen, um neue Arzneimittel in Afrika kostenfrei auszuprobieren (abgesehen von den Kosten für „Ärzte ohne Grenzen“ und einigen afrikanischen Potentaten).

Das sage nicht ich, das sagen sie selbst. Mit anderen Worten natürlich, aber mit derselben Bedeutung.

„Eine ***klinische Erprobung*** *zu einer antiviralen, experimentellen Behandlungsmethode, die vom „Wellcome Trust“ subventioniert wurde, wurde in Folge einer starken Reduzierung der Virusinfektionen in Westafrika unterbrochen ... Doktor Jeremy Farrar, Direktor des Wellcome Trust, der einen Fond von vielen Millionen Sterling für ein Programm therapeutischer Erprobung zur Verfügung stellte, sagte: „... Wir sind jetzt an einem Punkt angelangt, an dem neue Interventionen ...* ***zur Erprobung in Afrika fertig gestellt sind.*** *“*[9] [10]

Wir werden nie wissen, wie es für die „getesteten“ Afrikaner ausgegangen ist. Wir wissen aber, dass Brincidovofir, die Arznei mit denen sie im Mai 2016 “kuriert” wurden, zusammen mit der Firma Chimerix, die sie herstellte, an der

7- https://wellcome.ac.uk/news/g20-summit-act-now-fight-against-epidemics

8- https://wellcome.ac.uk/press-release/wellcome-trust-funded-ebola-treatment-trial-stopped-liberia

9 https://www.fiercebiotech.com/chimerix-now-0-for-2-as-brincidofovir-flunks-another-phiii-trial

10- http://www.ilsole24ore.com/art/notizie/2014-10-29/ebola-corsa-cura-ora-e-business-063902.shtml?uuid=ABa26s7B

Börse zusammenkrachte – aufgrund der negativen Resultate der Erprobung. Wir wissen, dass kurz vor dem Abbruch der Experimente *„in Folge einer starken Reduzierung der Virusinfektionen"* die Liberianer die Klinik von „Ärzte ohne Grenzen" angegriffen hatten, um ihre Verwandten, an denen „experimentiert" worden war, wieder mitzunehmen. Dies erlaubt uns, uns deren Schicksal vorzustellen, warum die Erprobung ein übles Ende fand und warum das Ende der proklamierten Epidemie erklärt wurde. Die „negativen Resultate" sind menschliche Wesen, im Jargon der Philanthropen werden sie Schatten.[11]

Wie Schatten sind aber die Leiter der verschiedenen philanthropischen Stiftungen und im Schatten stehen ihre Beziehungen zur wirtschaftlichen und politischen Macht. Die Medien sprechen nicht davon, etwas mehr versteht man bei der Lektüre der Wirtschaftszeitungen und der Finanzwebsites, die sich an diejenigen wenden, die investieren wollen und nicht verheimlichen, welches Geschäft sich gerade am meisten lohnt: "Ebola, der Wettbewerb um die Heilung ist jetzt ein Business" – Il Sole 24 Ore, 29.10.2014.

Aber sie verstecken sich nicht, sie zählen nur auf die Diskretion der Medien. Und zu Recht, denn die philanthropischen Stiftungen, die Multinationalen und die Medien haben die gleichen Chefs.

Versuchen wir doch, Manager von „Wellcome Trust" aus dem Schatten wegzuziehen, der reichsten philanthropischen

11- http://www.lastampa.it/2014/08/18/esteri/ebola-assalto-alla-clinica-fuga-di-malati-in-liberia-rr9lTdOE5cbyBcrTNWcagL/premium.html

Stiftung in Europa und der zweitreichsten auf der Welt.[12] Beginnen wir bei der Präsidentin, Eliza Manningham-Buller. Überraschung! Die gute Elisa, oberste Philanthropin, arbeitete von 1974 bis 2007 im MI 5 (Militärische Aufklärung, Sektion 5), dem britischen Geheimdienst, und war 2002 bis 2007 sogar die Generaldirektorin. 2008 wurde sie in das House of Lords gewählt und trat bei „Wellcome Trust" ein.

Da die Aufgabe von MI 5 „die Sicherheit Großbritanniens" ist, und jemand, der einer solchen Aufgabe in einer solchen Institution gestellt war, sie sich schwerlich abgewöhnen kann, müssen wir davon ausgehen, dass die Philanthropin Eliza weiterhin ihre Aufgabe darin sieht, die Interessen des „perfiden Albion" auch bei „Welcome Trust" wahrzunehmen und zu schützen.

Dann haben wir einige wichtige, vielfach beschäftigte, vielfach prämierte und vielfach Gehälter einnehmende Akademiker-Businessmen vor uns, die sich mit Medizin beschäftigen. Und schließlich die Geschäftsleute tout-court: global agierende Finanziers oberster Ebene.

Alan Brown, Karriere in der Hochfinanz, man nennt sie „die Industrie der Investitionen", Geschäftsführender Direktor von Schroders, eine Finanzgesellschaft mit Sitz in Luxemburg, Präsident von Carbon Disclosure Projects, einer Non-Profit-Organisation (ah, ah, ah!), die Regierungen und Multinationalen ihre Beratung anbietet, wie man im Bereich erneuerbarer Energien investieren, sie sich aneignen kann und auch über die wirtschaftlichen Risiken der Klimaerwär-

12· https://wellcome.ac.uk/about-us/governance/board-governors

mung: *„Wir sind weltweit die Nummer Eins in der Hilfe für Käufer, Risiken und Gelegenheiten zu überblicken.“* Er ist nichtgeschäftsführender Direktor der Pool Reinsurance Company, einem Netzwerk von Versicherungen, die Policen gegen das Risiko des Terrorismus anbieten, und Mitglied der Society of Investment Professionals.

Sir Damon Buffini, Gründer von Permira, einem Multinationalen für Investitionen, einer globalen Finanzgesellschaft, die Aktien für Milliarden von Dollar verwaltet und die unter der Leitung unseres Philanthropen ihre Fonds von 2 Milliarden auf 20 Milliarden Dollar ausdehnen konnte, mit 12 Niederlassungen weltweit.

Es gibt noch andere desselben Schlages, aber ich gehe nicht weiter. Wir haben uns schon ein Bild über die großen philanthropischen Stiftungen gemacht und welchen Interessen die NGOs dienen, die von ihnen finanziert werden.

Aber noch ein kleines, typisches Beispiel, ein kleine, enthüllende Episode, die bestätigt, was ich erzählen will. Es geht um das bereits zitierte antivirale Arzneimittel gegen Ebola, Brincidovofir.

2014 begann in einigen afrikanischen Ländern eine Kampagne gegen angebliche, deklarierte, von den NGOs

auf die Spitze gebrachten Ebola-Epidemien. Diese Kampagne wurden von den lokalen Regierungen und verschiedenen westlichen Organisationen auf die Beine gestellt, darunter die allgegenwärtigen „Ärzte ohne Grenzen“ (MSF). Die Medien schnatterten nur noch, die westlichen in vorderster Front.

2015 experimentiert der „Wellcome Trust" mit aktiver Unterstützung von MSF in Liberia die Arznei Brincidovofir aus, ein Produkt der US-amerikanischen Chimerix, die angibt, sie würde Ebola bekämpfen.

Die Erprobung funktioniert nicht. Die Liberianer überfallen unter anderem den Sitz von MSF, um ihre Verwandten, die angeblich von Ebola infiziert sind, wieder mitzunehmen. Dies hilft uns dabei, zu erraten, welches Ende die „Versuchskaninchen" bei diesen billigen, philanthropischen Experimenten fanden oder schon gefunden hatten.

2016 erklärte „Ärzte ohne Grenzen": *„Die Ebola-Epidemie in West-Afrika ist beendet."*[13]

Da wir Menschen mit Vorstellungsvermögen sind, können wir ruhig annehmen, dass die Epidemie wieder beginnen wird – und zwar sobald irgendein westlicher Pharmakonzern, mit oder ohne Unterstützung von „Wellcome Trust", einen neuen Impfstoff verkaufen will oder eine andere Medizin ausprobieren möchte. Sagte nicht Jeremy Farrar, *"Neue Interventionen sind bereit, um in Afrika versucht zu werden."*?

Machen wir weiter, hören wir nicht auf. Gehen wir über zu den Diven der Philanthropie Gates und Soros. Die Bill & Melinda Gates Foundation (BMGF) ist die reichste der Welt.

Bill Gates, der Self-made-Milliardär. Es genügt ein wenig gesunder Menschenverstand, um zu sagen, dass milliardenschwere Glücksfälle, die auf einmal auftauchen, bis zu jenem

13- http://www.medicisenzafrontiere.it/notizie/news/ebola-%C3%A8-finita-lepidemia-africa-occidentale

Moment schon hinter der Bühne warteten. Die Leute, die „unerwartet“ Milliardäre werden, sind von daher nur Strohmänner. Auch in diesem Fall braucht es keinen Sherlock Holmes, um zu verstehen, dass Microsoft in irgendeiner Weise aus dem historischen Multinationalen IBM schlüpfte und dass daraus sein Glück resultiert.

Bill Gates war der richtige (mittelmäßige) Mann im richtigen Moment.

„Mary Gates, prominente Geschäftsfrau aus Seattle, die ihrem Sohn, William H. Gates III, half, den Vertrag abzuschließen, der zur lukrativen Beziehung zwischen IBM und der neugeborenen Microsoft Corporation führte …“[14]

Dieses Nekrolog in der „New York Times” genügt, um die viele Propaganda zu enthüllen, die den Zweck hatte, einen Mythos zu schaffen und Gründe und Ziele zu verschleiern.

IBM ist allerdings etwas mehr. Es ist ein Industrieunternehmen, das Ende des 19. Jahrhunderts entstand – mit einem Patent auf Rechenmaschinen, die Lochkarten lesen konnten. Ein automatisches Verfahren der Selektion, Berechnung und Bestätigung, nach seinem Erfinder das Hollerith-System genannt. Der große Erfolg dieses Systems beginnt aber erst in Nazi-Deutschland, als die Dehomag, die deutsche IBM-Filiale, beginnt, mit der Regierung zusammenzuarbeiten: Flugzeuge, Eisenbahnen und die Registrierung der Juden.

„Nur wenige Wochen nach der Machtergreifung Hitlers inves-

14· http://www.nytimes.com/1994/06/11/obituaries/mary-gates-64-helped-her-son-start-microsoft.html

tierte die IBM New York über sieben Millionen Reichsmark (mehr als eine Million Dollar), um die Kapazitäten der deutschen Filiale zu erhöhen." „Wir sind wie Ärzte und sektionieren, Zelle für Zelle, den Körper der deutschen Kultur... eine Aufgabe, die dem Arzt unserer Nation das notwendige Material für seine Diagnosen gibt... so kann er Maßnahmen ergreifen, um das Übel zu heilen." (Edwin Blak – L'IBM e l'Olocausto)

Das „Übel" waren die Juden, die – für die IBM wie Bakterien – im ganzen Körper des großen Deutschlands verbreitet waren. Sie mussten über eine minutiöse Klassifizierung nach Familie, Vorfahren, Mädchennamen der verheirateten Frauen, usw. gesucht werden. IBM-Maschinen waren dann die Instrumente zur Verwaltung der Konzentrationslager, in ihnen wurden die auf den Armen der Häftlinge eintätowierten Nummern eingegeben.

Die famose Effizienz der Deutschen war also nicht nur ein Verdienst der Deutschen. IBM ist immer noch unter uns, präsenter und effizienter als je zuvor. Ihre Zusammenarbeit mit dem politisch-militärischen Apparat geht weiter.[15] Der Multinationale IBM ist ein wichtiger Lieferant der US-Armee für Informatiksysteme jeder Art und für jeden Zweck – und nicht nur Lieferant, auch Mitarbeiter in der Forschung auf dem Gebiet der Informatik und Kybernetik, soweit es militärischen Zwecken und der Spionage dient.

2017 kündigte IBM überglücklich an, einen Vertrag über 62 Millionen Dollar abgeschlossen zu haben, sie sollte dem US-amerikanischen Heer ein kybernetisches Sicherheitssys-

15· https://www-03.ibm.com/press/us/en/pressrelease/51461.wss

tem (Cloud) liefern. Seit 2026 leitet die IBM die „International Technology Alliance in Distribute Analytics and Information Sciences" (DAIS-ITA), eine Allianz zwischen dem britischen Verteidigungsministerium und Forschungslabors der US-Armee.

2000 ruft das Europäische Parlament nach dem Bericht des Journalisten Duncan Campbell eine Prüfungskommission zum Spionagesystem Echelon ins Leben. Dieser Bericht führte aus, dass unter anderem die IBM-Microsoft-Computer, IBM-Produkte mit Microsoft als Betriebssystem, so programmiert sind, dass sie sehr einfach von der NSA, der amerikanischen Sicherheitsbehörde, abgehört werden können.[16]

Die Katze lässt das Mausen nicht – ohne damit die armen Katzen beleidigen zu wollen, die nichts dafür können.

Sagen wir einfach stattdessen, dass die IBM eine militärisch-nachrichtendienstliche Berufung hat, die sich in jedem Jahrhundert offenbart. Eine überaus wichtige Voraussetzung für die Weltherrschaft.

Heute stellt IBM natürlich Produkte für alles und für alle her, wahrscheinlich einschließlich der FBMG.

Kehren wir also zur Bill und Melinda Gates Stiftung zurück, die nicht von den oben erwähnten „gefährlichen und schädlichen Beziehungen" weggedacht werde kann.

Auch sie, wie der „Wellcome Trust", kümmert sich sehr um die Gesundheit der Armen, um die Bildung auf allen Ebenen

16- http://dati.camera.it/ocd/aic.rdf/aic4_28685_13

und sie finanziert auch landwirtschaftliche Projekte – immer zu Gunsten der Armen der armen Länder.

Wer leitet die BMGF, abgesehen von den beiden Plüschtierchen Bill und Melinda?[17]

Warren Buffet ist der Trustee. Ein hartgesottener, knochenharter Finanzier mit einem 2017 geschätzten Vermögen von 75 Milliarden Dollar. Verdient hat er sie durch Investmentfonds, das heißt, zumeist auf dem Rücken der Armen der Dritten Welt und der Arbeiter im Allgemeinen. Er ist ein bedeutender Aktionär bei Coca Cola, Gillette, McDonald's, Kirby Company und Walt Disney, und besitzt das drittgrößte Versicherungsunternehmen weltweit. Und er ist auch einer der größten Lykanthropen, Pardon, Philanthropen.[18]

Wir haben auch jemanden, der sich direkt um die laufenden Geschäfte kümmert, Susan Desmond Hellmann. Diese Dame, Vorstandsvorsitzende der BMGF, ist Onkologin[19] und Biotechnologin. Aber wer weiß, ob sie sich in ihrem Leben je um einen Patienten gekümmert hat. Ihr Metier ist es in Wirklichkeit, Produkte der pharmazeutischen Industrie zu realisieren, im Besonderen für den Bereich Chemotherapie. In dieser Rolle hat sie für chemisch-pharmazeutische Multinationale gearbeitet, immer in Leitungspositionen, und im Exekutivkomitee der Organisation Biotechnologischer Industrien. Das hat sie nicht davon abgehalten, ihre Ersparnisse von 134.000

17· https://www.gatesfoundation.org/Who-We-Are/General-Information/Leadership/Executive-Leadership-Team

18· http://argomenti.ilsole24ore.com/warren-buffett.html

19· Krebsforscherin (Anm. des Übersetzers)

Dollar, wirklich eine Lappalie, in der Tabakindustrie anzulegen. Als Rektorin der Universität von Kalifornien in San Francisco - die erste Frau, die eine solche Position an einer der wichtigsten Universitäten der USA – einnahm, hatte sie die brillante Idee, eine feste Zusammenarbeit zwischen der pharmazeutischen Industrie und der Universität vorzuschlagen.

Und jetzt verstehen wir auch die Motive für das große Interesse der "philanthropischen" Stiftungen an der Bildung.

So geht es weiter: Geschäftsleute und milliardenschwere Anwälte – sie nennen sich „law firm" – beschäftigen sich mit riskanten Investmentfonds (venture capital) und mit spekulativen Investmentfonds (hedge fund). Zu ihnen gehörte Connie Collingsworth, jetzt zuständig für die "geschäftlichen Angelegenheiten" der BMFG.

Dann haben wir Christopher Elias, Direktor des PATH, Program for Appropriate Technology in Health, und wir sehen dann, was sich hinter der Maske dieses so uninteressanten Kürzels versteckt.

Dann ist da noch Mark Suzman, Chef des Strategiebüros der BMGF, ein Techniker der Globalisierung auf höchsten Niveau, auf internationale Angelegenheiten spezialisiert, Korrespondent der Financial Times in London, Washington und Johannesburg – Afrika ist bei den Manövern der Globalisierer immer gegenwärtig und taucht auf, wo man es am wenigsten vermutet – sowie Mitarbeiter der UN.

Ich werde nicht alle erwähnen, sondern beende die Aufzählung mit Rodger Voorhies, der im Profil der BGMF-

Spitzenmanager mit kurzen Ärmeln fotografiert wird – er hat ja mit Landwirtschaft zu tun. In Wirklichkeit ist auch er ein Banker und hat Menschenführung an der Kellogg School of Management, USA studiert. Er ist auf die wirtschaftliche Unterwerfung der bereits militärisch unterworfenen Länder spezialisiert (Opportunity Bank Serbien). So arbeitete er fast zwanzig Jahre lang auf „aufstrebenden Märkten".

Die Gates Foundation ist wie die anderen sogenannten philanthropischen Stiftungen – allein in den USA sind es mehr als 80.000 – eine maskierte Vertretung der Multinationalen. Halsabschneider geben sich als Wohltätigkeitsverein. Eine der zahlreichen Tentakeln der globalen kapitalistischen Krake.

Ohne die wirklichen Kraken beleidigen zu wollen, die sich mit acht Tentakeln begnügen und keinesfalls die Welt erobern möchten.

Die Spenden der BMGF, man könnte auch Investitionen dazu sagen, gehen an amerikanische Universitäten, amerikanische und übernationale Organisationen, die verschiedenen Tätigkeiten nachgehen – von der Einflussnahme auf die Politik bis zur Beratung in Geldanlagen – und natürlich an die NGO und humanitäre No-Profit-Organisationen: Von Oxfam zur UNICEF, von AMP (Agence de Médecine Préventive) zu „Save the Children".

Für was? Besonders wichtig ist die globale Gesundheit (Global Health).

Vor der Philanthropie rette mich Gott

Allein 2016 hat die BMGF ungefähr 1.300.000.000 Dollar (eine Milliarde dreihundert Millionen) für die Subventionierung von Projekten im Bereich der Gesundheit ausgegeben.

Eine ihrer sanitären Missionen ist die Empfängnisverhütung *„bei den armen Frauen der armen Länder"*, eine andere, wie sollte es anders sein, sind die Schutzimpfungen, bei den armen Kindern der armen Länder.

Um sich diesen Missionen zu widmen, hat die Gates Foundation wiederum zwei neue Tentakel entwickelt: GAVI und PATH.

GAVI (Global Alliance for Vaccines and Immunization) ist eine Organisation, die öffentliche und private Personen umfasst. Regierungen der Entwicklungsländer nehmen daran teil, wie auch die Geberländer, die Weltgesundheitsorganisation, die UNICEF, die Weltbank, die Industrie der Impfstoffe … Eine mächtige Marktallianz, in der die sogenannte „Zivilgesellschaft" eine wichtige Rolle einnimmt – im Kleid der NGO.

„GAVI sammelt die Nachfragen der armen Länder, um ein klares Signal an die Produzenten zu senden, dass ein großer und zugänglicher Markt für Impfstoffe existiert."[20]

20- http://www.gavi.org/about/gavis-business-model/

PATH ist uns schon begegnet, eine NGO, eine internationale humanitäre Organisation, die sich darum kümmert, der Menschheit, insbesondere dem ärmsten Teil, angewandte Technologie im Gesundheitswesen zu liefern. Zum Beispiel bietet sie anstelle der traditionellen Gerichte, die aus lokalen Produkten zu Hause zubereitet werden, industrielle Gerichte an, vielleicht auf Basis genveränderter Sojabohnen mit irgendeinem Zusatz als „Nahrungsergänzungsmittel“[21] oder „angereicherten“ Reis, das heißt, industriell modifiziert durch die Beifügung verschiedener Substanzen, die man als Nahrungsergänzungsmittel durchgehen lassen will.

Nichts Neues. Entwicklungshilfe zerstört den lokalen Markt und macht die „Händler“ der Globalisierung reich. Dies geschieht, indem der Bevölkerung anfangs kostenlos oder sehr preisgünstig – dank der Subventionen für die “Entwicklungshilfe“ – Produkte der großen multinationalen Lebensmittelindustrie geliefert werden - anstelle der örtlichen Produkte der Bauern.

„PATH hilft Myanmar dabei, die ersten Schritte zu unternehmen. Während wir mit dem privaten Sektor zusammenarbeiten, um einen Markt für angereicherten Reis zu schaffen, arbeiten wir auch mit den Entwicklungshilfestellen, um direkt den angereicherten Reis an die ärmste Bevölkerung zu verteilen.“[22]

Die Bauern in Myanmar produzieren selbst Reis. (Industriell modifizierten) Reis an Bevölkerung zu verschenken, kann nur die Bauern ruinieren, die Landwirtschaft und die Autar-

21- https://blog.path.org/2017/08/when-nutrition-comes-first-hiv-patients-thrive/

22- https://blog.path.org/2016/03/on-the-shelves-in-myanmar-rice-for-life/

kie des Volkes von Myanmar vernichten und den Staat von Importen abhängig machen, dessen Schulden dadurch noch anwachsen.

Aber die große Stärke von PATH sind Impfungen und Medikamente, auch Diagnosegeräte und digitale Instrumente, alle Produkte der reichen Welt. Sie sollen an die arme Welt verkauft werden, ob sie es braucht oder nicht.

Wir können uns anhand eines zweiten Beispiels ein Bild davon machen, wie sich die globalen Philanthropen um die Gesundheit kümmern. Das erste Beispiel gab uns ja der Wellcome Trust mit der eifrigen Hilfe von „Ärzte ohne Grenzen".

Es ist ein ähnliches Beispiel, das bestätigt, wie wirtschaftliche und politische Interessen des Weltkapitalismus miteinander verknüpft und auf welche Weise philanthropische Stiftungen und NGO darin integriert sind.

Der BMGF ist es mit Hilfe von PATH und anderen sogenannten humanitären Organisationen gelungen, Arzneien, die auf dem westlichen Markt durchgefallen sind, neues, glückliches Leben einzuhauchen. „Zu selten angewendete" Medikamente sagen sie offen auf ihrer Homepage. Aber sie sagen nicht, warum. Aber wenn man will, kann man es herausfinden und man muss sich nicht einmal sehr dafür anstrengen.

Zum Beispiel kann man entdecken, dass 2010 über die Gates Foundation die 3. Phase der Erprobung eines Impfstoffs der GSK (GlaxoSmithKline[23]) gegen Malaria begann. In dieser Phase wird das Medikament bereits verschrieben

23. Ein britischer Pharmahersteller, der sechstgrößte der Welt (Anm. des Übersetzers)

und an tausende von Patienten verteilt: Auch wenn es für den Impfstoff keine „Patienten“ gibt, zumal der Patient krank ist, aber die Impfstoffe nur an Menschen verteilt werden können, die sich in diesem Augenblick bei guter Gesundheit befinden. Übergehen wir diesen Widerspruch, der zu einem anderen Thema gehört, nämlich zur Opportunität und der (zweifelhaften) gesundheitlichen Effizienz und der Opportunität und (unzweifelhaften und monströs enormen) wirtschaftlichen Effizienz von Impfstoffen.

Zurück zu unserem Thema, zur Tatsache, dass die Phase 3 der Erprobung die Einwilligung auf Basis der Informationen dessen benötigt, der sich zum Versuchskaninchen macht, in diesem Fall die Eltern von tausenden von Neugeborenen in sieben afrikanischen Ländern. Glaxo und BMGF sprachen von einem aufsehenerregenden Ergebnis der Erprobung. So aufsehenerregend, dass von 5.949 Neugeborenen 151 starben und 1.048 Opfer von schweren Kollateralschäden wurden.[24] [25]

Eine Einwilligung auf Basis von Informationen?

„... *die Kosten für die Erprobung in Afrika sind geringer als in den USA und in Europa... Forschungen der letzten zehn Jahre ergaben eine Quantität an Verletzungen ethischer Prinzipien, von Seiten der pharmazeutischen Industrie... Sehr häufig ist das Fehlen einer Einwilligung auf Basis der Informationen. Dies bedeutet, dass die Patienten nicht einmal darüber informiert werden, dass sie eine experimentelle Behandlung erfahren, genauso wenig über die Risiken, die dabei bestehen. Meistens bekommen die Patienten*

24- https://edition.cnn.com/2011/10/18/health/trial-malaria-vaccine-africa/index.html

25- http://www.rupe-india.org/57/pharma.html

einer Erprobung, wenn sie durch die ausprobierte Arznei Schäden erlitten, weder eine Behandlung noch eine Entschädigung."[26]

Eine Zeitlang hat man nicht mehr von Malaria und Impfungen gesprochen, wenn doch mit leiser Stimme. Angesichts der Resultate der Erprobung ... aber jetzt schießen sie sich wieder ein, die Malaria hat wieder angefangen.[27]

„*Der erste Impfstoff für die Malaria in Afrika. Ab 2018 wird die Erprobung in Kenia, Ghana und Malawi durchgeführt.*" (Il Post)

Websites und Zeitungen jeder Art berichten davon, die Begünstigten einer solchen Erprobung werden ungefähr 400.000 afrikanische Kinder sein. Erprobung? Aber war der Impfstoff nicht schon mit „aufsehenerregenden" Ergebnissen getestet worden?

Immer Glaxo, die Nutznießer immer die BMGF. Wer die Erprobung dann in der Praxis durchführt, wissen wir nicht. Wir wissen nicht einmal, warum es bei Neugeborenen ausprobiert wird. Wenn wir Phantasie haben, können wir es uns vorstellen.

Aber halten wir uns an die Realität: Kinder sind dank der westlichen philanthropischen Stiftungen gestorben, andere erkrankt. Und dank der NGO.

2003 rühmte sich MSF auf ihrer Homepage:

„*Mozambique, MSF beginnt den ersten Test auf breiter Skala zum Gebrauch eines oralen Impfstoffs gegen Cholera.*"

26- https://www.wemos.nl/wp-content/uploads/2016/06/Dirty_profits4_Clinical_trials_Africa.pdf

27- http://www.theeastafrican.co.ke/news/Is-disputed-malaria-vaccine-cure-for-Africa--/-/2558/2603578/-/qxf4ay/-/index.html

"MSF organisiert die Verteilung des Impfstoffes an etwa 50.000 Erwachsene und Kinder.«[28]

Eine weitere Erprobung. Zum Wohl der Mozambiquer.

Außer den Philanthropen gibt es auch noch die humanitären Organisationen und ihre „Freiwilligen", die sich um die Gesundheit der Afrikaner kümmern. Wie können sie sich retten?

Aber „Geteiltes Leid ist halbes Leid.", wenn dies stimmt, können wir uns zur Hälfte freuen. Auch die indischen Kinder erfreuen sich der Aufmerksamkeit der Gates Stiftung und der „zu selten benutzten" Arzneimittel. An Mädchen der Adivasi, der niedrigsten Kaste in Indien[29], Mädchen der Dörfer auf dem Lande, wurde 2010 ohne „Einwilligung auf Basis von Informationen" ein Impfstoff gegen das Papillomavirus verteilt. In vielen Fällen wurden auch die Unterschriften der Eltern gefälscht. Es ist ein (im Westen) kaum benutzter Impfstoff, von dem man nicht einmal weiß, zu was er gut sein soll, nunmehr kennt man allerdings die vielen und schweren Nebenwirkungen.

„Indem der Impfstoff gegen den Papillomavirus in Indien ausprobiert wurde, erleichterte die Gates Stiftung nicht nur die klinischen Tests wegen günstiger Preise, sondern assistierte auch bei der Schaffung neuer Märkte für ein unsicheres und ineffizientes Produkt. Die Variante des Impfstoffs von

28· http://www.medicisenzafrontiere.it/notizie/news/mozambico-msf-lancia-il-primo-test-su-larga-scala-luso-di-un-vaccino-orale-contro-il

29· Hier irrt die Autorin: Adiuvasi sind indigene Völker in Indien, die nicht Hinduisten sind und keiner Kaste angehören. (Anm. des Übersetzers)

Merck, genannt Gardasil, wurde 2006 mit einer gewaltigen Marketing-Kampagne eingeführt, die zu einem Jahresverkauf für 1,5 Milliarden Dollar führte. Der Impfstoff wurde von der „Pharmaceutical Executive“ zum „Produkt des Jahres„ erklärt, da es aus dem Nichts einen Markt geschaffen habe... Das renommierte “Journal of American Medical Association” stellt in aller Offenheit die Frage, ob die Risiken des Impfstoffes nicht den potentiellen Nutzen übertreffen. Als allmählich die Nachteile von Gardasil klar wurden, begannen die amerikanischen und europäischen Frauen, den Impfstoff abzulehnen. 2010 erklärte die Zeitschrift „Fortune“, Gardasil in wirtschaftlicher Hinsicht zum Desaster, der Verkauf war in einem Jahr um 18% zurückgegangen. Der identische Impfstoff von Glaxo, Cervarix, erlitt einen identischen Niedergang... In diesem Augenblick trat die Gates Stiftung auf die Bühne.“ [30]

2010 starben sieben Stammesmädchen nach der Behandlung mit dem HPV-Impfstoff, mindestens 1.200 litten an schweren Nebenwirkungen oder entwickelten Autoimmunkrankheiten. Alle nahmen an einem Studium auf breiter Skala teil, das von der BMGF finanziert und der PATH organisiert war.[31]

Steve Davis, Präsident und Geschäftsführer der PATH, der sich mit der *“Innovation zur Lebensrettung”* auseinandersetzt, machte, bevor er sich der Lebensrettung von Mädchen der Adivasi und afrikanischer Neugeborener widmete, die ver-

30- https://www.globalresearch.ca/big-pharma-and-the-gates-foundation-guinea-pigs-for-the-drugmakers/5384374

31- http://164.100.47.5/newcommittee/reports/EnglishCommittees/Committee on Health and Family Welfare/72.pdf

schiedensten Dinge bei den verschiedensten Multinationalen des Tertiärbereichs, darunter McKinsey & Company, eine multinationale Agentur der „Beratung in Finanzangelegenheiten", die sich damit beschäftigt, *„führenden Unternehmen bei substantiellen Verbesserungen beizustehen… indem man Märkte studiert, lokal und global.“*[32]

Offensichtlich studiert auch PATH, eine „internationale humanitäre Organisation", die Märkte und sie macht es vor Ort, mit einer großen Leidenschaft für die Gesundheit der pharmazeutischen Multinationalen.

32- https://www.path.org/leadership/steve-davis.php

Du wirst das Feld bestellen – mit dem Schweiß der anderen

Sehen wir jetzt, wie die BMGF (und nicht nur sie) *„die Armut von Millionen Bauernfamilien in der afrikanischen Sahel-Zone und in Südasien reduziert, indem sie die landwirtschaftliche Produktivität auf verträgliche Weise steigert“.*

Diese lobenswerten Anstrengungen leitet Nick Austin in der Gates Foundation. Ein Experte. Gehen wir der Reihe nach:

Austin war Direktor der CGIAR: Consultive Group for International Agricultural Research. Wie alle Bezeichnungen dieser globalen Organisationen ist auch diese zwielichtig und ohne viel Bedeutung. Tatsächlich handelt es sich um ein „Gemeinschaftsbüro“, das von verschiedenen westlichen Regierungen sowie den üblichen übernationalen Institutionen finanziert wird: FAO, UN, Weltbank, Europäische Kommission, usw. Dazu die üblichen, weltweit agierenden Philanthropen.

Zu welchem Zweck wird es finanziert? *„Um die Armut zu verringern, den Hunger und die Verschmutzung der Umwelt.“* Wie nett!

Aber warum machen wir uns Sorgen? Mit all diesen Institutionen und Organisationen, die sich damit beschäftigen, mit Milliarden die Übel der Welt zu bezwingen, sollten wir jauchzen und uns freuen, und in eine leuchtende Zukunft blicken.

Oder doch nicht?

Vielleicht nicht. Wenn man daran kratzt, kommt das Wahre zum Vorschein, das Verrottete. Denn die „Sicherheit in der Lebensmittelversorgung" bedeutet für diese Herren doch nur die Lebensmittelindustrie, bedeutet *„Kultivierung, Viehzucht, verbesserte Fische und Bäume"*, was wiederum *„genetisch modifiziert"* bedeutet und nichts anderes heißt als *„die Märkte zu stärken"*.[33] [34]

Es bedeutet, *„die Liberalisierung der Güter und der essentiellen öffentlichen Dienstleistungen zu beschleunigen"*. Öha! Was hat dies mit der Landwirtschaft zu tun?

Zweifellos hat es mit den global agierenden Philanthropen zu tun, welche „die Armut verringern" möchten – oder möchten sie "in die Armut führen"?

Weiter der Reihe nach.

Um die Armut zu verringern, nimmt der *„Eingriff des privaten Sektors in die Entwicklung einer Produktionskette für landwirtschaftliche Produkte"* zu. Kehren wir jetzt zur BMGF zurück, für die unser Nick Austin arbeitet, der Experte für landwirtschaftliche Philanthropie der Dritten Welt, und sehen wir, was die Gates Stiftung in Bereich der Landwirtschaft finanziert. Ihr Ziel ist es ja, *„den Hunger und die Armut von Millionen von Bauernfamilien der Sahel-Zone und Südasiens zu reduzieren, indem die landwirtschaftliche Produktivität auf*

33- http://www.harvestplus.org/about/our-history

34- http://www.cgiar.org/about-us/cgiar-portfolio-2010-2016/cgiar-research-program-on-policies-institutions-and-markets/

verträgliche Weise gesteigert wird". Dazu mühen sie sich auf vielfältige Weise ab, stellen Forschungen an, um die besten Züchtungen herauszufinden und zu kreieren, die also für die Erde und das Klima am besten geeignet sind und die am besten den Krankheiten widerstehen. Sie geben Instruktionen und Informationen an die Bauern und instruieren die Regierungen. Sie mühen sich sogar dafür ab, die Zuchttiere, die für den kleinen Bauern so wichtig sind, genetisch zu verbessern. So sagen sie. In allen ihren Erklärungen kümmern sie sich auch um die Frauen, dass sie ein besseres Einkommen haben und größere Autonomie. Wer weiß, vielleicht sehen sie voraus, dass die Sahelzone Afrikas sich von allen Männern im arbeitsfähigen Alter entvölkert. Oder dass sie in Minen, Fabriken und Kriegen gebraucht werden.

Bei diesen lobenswerten Initiativen hat die BGMF übernationale Organisationen wie das Ernährungsprogramm der Vereinten Nationen, die Internationale Bank für Aufbau und Entwicklung, usw. als Partner und auch humanitäre Non-profit-Organisationen wie TechnoServe[35], *„eine Non-profit-Organisation, die in 29 Ländern tätig und führend auf dem Gebiet der Ausrichtung der Macht des privaten Sektors ist, um Menschen zu helfen, der Armut zu entfliehen."*

Diese Herren brüsten sich damit, Märkte zu schaffen und konkurrenzfähige Unternehmen, Geschäfte und Industrien – mit wem konkurrieren sie und was geschieht mit denen, die der Konkurrenz unterliegen, wenn jene sich durchsetzen?

Wer sind die Leiter der NGO, der Non-profit Techno-

35- http://www.technoserve.org/about-us/our-mission

Serve? Allesamt weiße US-Amerikaner, lauter Haifische der Finanzwelt, ohne die Haifische beleidigen zu wollen, die nur fressen, um zu überleben.

Lebensläufe in Investmentfonds, Venture-fonds, aufsteigenden Märkten besonders in Afrika, Multinationalen der Finanzwelt, „Informationsagenturen" (Mediengesellschaften) und Universitäten.

Paul E. Tierney, Peter A. Flaherty, Suzanne Norah Johnson... Globale Märkte, multinationale Banken, Lehrstühle an Universitäten: All das zusammen bestimmt jeden von diesen Charakteren. Gesichter superreicher Amerikaner, zwanghaftes Lächeln neurotischer Jäger.[36]

Development Capital Partners, Aperture Venture Partners, Coniston Partners, Arcon Partners, McKinsey & Co . Es sind dutzende von Investmentgesellschaften. Goldman Sachs, Pfizer, VISA, PayPal, Singtel, Starbucks, Rockefeller & C., Rotschild, Barclays Bank, Solgenix.

Diese und andere sind die gerühmten Referenzen im Berufsbild der Leitung der TechnoServe, der Non-Profit, deren erklärte Mission es sein soll, *„dazu beizutragen, Märkte zu schaffen"*, mit dem Anspruch, den Armen der armen Länder zu helfen. Das sind die Leiter einer humanitären Organisation: Sie waren Direktoren oder Gründungsmitglieder von Multinationalen jeder Art, im Finanzbereich, in der Pharmazie oder für Luxusartikel und in vielen Fällen sind sie es noch.

Diese „starken Märkte", die sie schaffen möchten und

36- http://www.technoserve.org/about-us/our-team

gerade schaffen, sind diejenigen, die man „aufstrebend“ nennt. Wer Augen hat, um zu sehen, wird sicher schon gelernt haben: Wenn die Märkte „aufstreben“, gehen die Völker der sogenannten Dritten Welt unter.

In Kolumbien arbeitet TechnoServe mit der Coca Cola Foundation zusammen – welcher Multinationale hat denn heutzutage keine wohltätige Stiftung mehr? – um „den Frauen, die Kaffee anpflanzen, mehr Macht zu geben --- um zu lehren, wie sie ihre Landgüter als Unternehmen leiten können --- indem sie zum Beispiel lernen, dass in ihren traditionellen Plantagen die Pflanzendichte zu gering war --- um die kleinen Kaffeepflanzer dahingehend zu beeinflussen, von den kleinen Familienröstereien zu einer großen, zentralen Rösterei überzugehen…“[37]

Und wem gehört die große, zentrale Rösterei? Nespresso[38], die 400.000 Dollar für dieses ambitiöse Projekt von TechnoServe aufgebracht hat. Die Bauern werden damit ihren Kaffee, den sie zuvor selbst rösteten, nicht mehr an diejenigen verkaufen, an die sie verkaufen möchten, sondern es der „zentralen Rösterei“ überlassen, die über die Preise entscheidet und ihre Ländereien verwalten wird, ihre Arbeit und ihr Leben „als ein Unternehmen“.

Und was macht ein modernes, kapitalistisches und multinationales Unternehmen? Es reduziert die Kosten, in erster Linie die Arbeitskosten, und erhöht den Profit, aber nur den eigenen.

37- http://www.technoserve.org/blog/empowering-women-coffee-growers-in-antioquia-colombia

38- https://www.nespresso.com/co/en/our-choices/sustainable-coffee-quality/community-milling-in-jardin-colombia

TechnoServe, eine internationale NGO, arbeitet als „Missionarin“ der Multinationalen, mit dem Zweck, die Kleinbauern der Länder der Dritten Welt der Nahrungsmittelindustrie zu unterwerfen, wobei sie deren Armut und die ihrer Länder vergrößert und in einigen Fällen auch neu schafft. Die noch selbstständigen, kleinen Kaffeepflanzer müssen davon überzeugt werden, zur intensiv genutzten Landwirtschaft überzugehen und von der westlichen Industrie produzierte Pestizide zu benutzen. Die „zu niedrige“ Pflanzendichte erlaubte nämlich eine Luftzirkulation, welche Schimmel und die Verbreitung von Pilzen und Bakterien verhinderte. Jetzt haben sie „verbesserte“, patentierte und von der westlichen Industrie produzierte Pflanzen oder Saatgut zu verwenden - also für etwas zu zahlen, das sie in der traditionellen Landwirtschaft gar nicht brauchten. Sie sollen von der großen westlichen Industrie abhängig werden und sich am besten in Schulden stürzen, um das zu kaufen, das in einer intensiven Landwirtschaft unabkömmlich ist. Dadurch wird natürlich ein Markt „aufstrebend“.

Aber wer kann sie davon überzeugen, dass dies alles gut für sie sein soll? Wer kann es besser als eine NGO, eine humanitäre Organisation mit ihren Freiwilligen, die sich das Schicksal der Armen zu Herzen genommen haben, mit ihnen leben – für einen bestimmten Zeitraum und gut bezahlt – sie kennen, alles geduldig erklären, auch darauf bestehen, alles zeigen und helfen?

Weiter. Durchleuchten wir eine andere, von der BMGF finanzierte NGO, die sich mit den armen Bauern der Dritten Welt beschäftigt: Heifer International. Ihre erklärten Partner sind, abgesehen von der BMGF, Unternehmen wie Cargill (Saatgut), Elanco (Futter und Tierarzneimittel), Walmart (Einkaufszentren), Danone, Coca Cola und so weiter.[39]

Heifer rühmt sich, in über 70 Jahren in 125 Ländern gearbeitet zu haben. Wir haben keinen Grund, daran zu zweifeln. Und 30 Millionen Familien geholfen zu haben, aus der Armut herauszukommen. Daran haben wir Zweifel. Außer, man versteht darunter die westlichen Familien, die für Danone, Cargill, Coca Cola, Walmart, usw. arbeiten. Aber sie lebten vielleicht auch nicht im absoluten Elend, bevor sich Heifer erbarmte und den Horizont dieser Unternehmen erweiterte.

Wollen wir einen Blick auf die Direktoren von Heifer werfen? Auf diese humanitären Freiwilligen?[40]

Francine Anthony: 20 Jahre Erfahrung als Führungskraft in der Elektroindustrie, darunter IBM und Marketingdirektorin bei Hewlett Packard.

Sandra A. Godden ist dafür nur Veterinärin, allerdings auf hohen Niveau: Sie arbeitet für US-amerikanische Institutionen daran, die industrielle Aufzucht von Rindern effizienter und produktiver zu machen.

Susan Grant war Vize-Präsidentin von CNN und mit dem Bereich Verkauf und Marketing von CNN Digital, CNN Money und weiteren vier oder fünf Sektoren dieses Medien- und Informationsmultinationalen beauftragt.

Genügt das?

39· https://www.heifer.org/partners/index.html

40· https://www.heifer.org/about-heifer/inside-heifer/board-of-directors/index.html

Heifer International beschäftigt sich mit Geschäften und Viehzucht. Dies wird schon offensichtlich, wenn man sich die Direktoren anschaut. Darunter sind die üblichen Finanzexperten und als Neuheit große Lebensmittel- und milchverarbeitende US-amerikanische Konzerne.

Diese humanitären Organisationen, die sich unter anderem des konkreten Wohlwollens des Ehepaars Gates erfreuen, befinden sich dabei in guter Gesellschaft: Gesellschaften, die sich immer dem Wohlergehen der Armen widmeten, besonders in Afrika. Die BMGF finanziert so auch das Monsanto-Projekt „Water Efficient Maize for Africa" - es geht um genetisch modifizierten Mais, welcher der Trockenheit widersteht. Die Samen werden den afrikanischen Unternehmen zur Verfügung gestellt. So sagen sie. Aber es gibt keine afrikanischen Unternehmen für Samen, sondern nur die afrikanischen Filialen der Multinationalen. Die afrikanischen Bauern kultivierten aber nicht Mais, sondern andere Getreidearten, die von Natur aus fähig waren, der Trockenheit zu widerstehen. Sie kauften keine Samen, sondern verwendeten den eigenen, und sie benutzten keine Pestizide, weil es nicht nötig war. Jetzt werden sie zum Endabnehmer der großen Lebensmittelindustrien und in den meisten Fällen durch die steigenden Kosten für Samen und Pestizide ruiniert. Der industrielle Anbau von Genmais wird aber auch diejenigen afrikanischen Bauern ruinieren, die darauf bestehen, „ihre" Getreide, Hirse und Zwerghirse, anzubauen. Aufgrund der anfänglichen Subventionen und Erleichterungen wird der Monsanto-Mais billiger als das örtliche Getreide sein und den lokalen Markt zerstören. Wenn dann die Preise für Pestizide, Samen und chemische

Düngemittel steigen, wird der Preis, der dem nun nicht mehr unabhängigen Bauern gezahlt wird, sinken – und die Würfel sind gefallen. Afrikanische Bauern und Konsumenten sind in der Falle.

Aber keine Angst, es gibt auch Vorteile. Die ruinierten Bauern werden mit vielen anderen Afrikanern zusammen die versklavten Handlanger auf den Latifundien, die Genmais als Viehfutter für die industrielle Aufzucht in den USA und Europa produzieren – in Europa ist ja Genmais nur als menschliches Futter untersagt, aber als Futter für andere Spezies erlaubt. Auf diese Weise senken die „Fleischfabriken" ihre Kosten und erhöhen ihren Profit, während wir westlichen Konsumenten uns fröhlich an Steaks und Schnitzel mit Genmais vollstopfen können.

Dieses Schauspiel haben wir schon in allen vom globalen Kapitalismus beherrschten und verarmten Ländern gesehen. Und dies wird von philanthropischen Stiftungen subventioniert, die echte Unternehmungen für Studium und Forschung in diesem Bereich sind.[41]

Aus dem Drehbuch zu den indischen Bauern wurde schon zitiert: Sie wurden „überzeugt", Monsanto-Gen-Baumwolle auszusähen. 290.000 Bauern begingen Selbstmord, um von einem indischen Gesetz zu "profitieren", das der Familie des Toten die Rückzahlung der Schulden erlässt.[42]

Wer weiß, ob auch in Indien irgendeine NGO am Werke

41- http://www.nigrizia.it/notizia/le-lobby-dellagribusiness-che-minacciano-lafrica

42- https://www.notiziecristiane.com/monsanto-i-semi-del-suicidio/

war, und welche Projekte zur Verbesserung der Landwirtschaft und des Lebens der armen indischen Bauern sie vorantreiben wollte.

Dies ist die „Entwicklungshilfe“, für welche die UN, die Europäische Union und die Regierungen der westlichen Länder Fonds einrichten. Es hilft der Entwicklung, zweifellos, aber nicht jener, von der man spricht.

Für die von Monsanto und den Philanthropen ruinierten afrikanischen Bauern bereitet eine andere NGO sicherlich eine Alternative vor.

Den Armen die Erde wegnehmen, um die Reichen fetter zu machen

Die Alternative ist die Geflügelzucht.

AfricaWorks ist ein echter Verbreiter von Spiritualität, wie die Klöster im Mittelalter. Ihr Präsident, Samuel Moses Grottis, stellt sich als *"Diener des Einzigen Großen Gottes"* vor. Er ist ein Weißer aus Zimbabwe, der dort aber nicht mehr lebt, und der Meinung ist, *„Gott hat mir und anderen afrikanischen Führern die Fähigkeit und die Möglichkeit gegeben, diesen Kontinent zu verändern"*.

Dies ist natürlich das Endziel. Das augenblickliche Ziel ist es, „die Armut durch eine akzeptable Wirtschaft und eine ganzheitliche Umwandlung zu reduzieren. Um dieses Ziel zu erreichen, ist AfricaWorks „an einer wirtschaftlichen Verbesserung durch die Entwicklung kleiner, mittlerer, großer und Mega-Unternehmen engagiert, um *„akzeptable Arbeit zu schaffen"*.

Akzeptabel für wen? In Bezug auf die ganzheitliche Umwandlung gibt es keinen Zweifel, dass diese große NGO ihr Bestes dafür tun wird, denn *„ganzheitlich"* in Geld ausgedrückt, bedeutet umfassend: Eine globale, komplexe Umwandlung Afrikas in eine landwirtschaftlich-industrielle Zone des Weltkapitalismus ist das, was sie und viele andere NGOs gerade anstreben.

Unsere Helden reden auch davon, Kleinstunternehmen aufzubauen und zu subventionieren. Aber wenn man denkt, dass Kleinstunternehmen und Kleinstkredite im Widerspruch zu den Mega-Unternehmen, welche jene erklärterweise auch aufbauen wollen, stehen, dann täuscht man sich. Diese beiden, nämlich Kleinst- und Mega-Unternehmen, können hervorragend miteinander leben, besonders in der Dritten Welt, wie es schon gezeigt wurde: Kleinstunternehmen mit Kindern, die mit einem Fuß an der Werkbank angekettet sind, arbeiten ganz selbstverständlich für europäische und US-amerikanische Multinationale.

AfricaWorks arbeitet nun in Mozambique mit dem großen Unternehmen „Novos Horizontes" zusammen. Der Direktor dieses Betriebes, der in Mozambique 60.000 Hühner in der Woche produziert, ist Andrew Cunningham, ein weißer US-Amerikaner. Er ist auch in der Leitung der COF (Community of Fusion), die in Zusammenarbeit mit einem Betrieb in Iowa (USA) Eier produziert. Aber die COF hat in Mozambique auch eine Eliteschule für Schwarze und Weiße und eine Kirche.

„Die Herzen und Seelen erobern! – und nicht nur die Länder, Staaten und Völker.

Die neuen Horizonte sind die intensive Hühnerzucht und die intensive Landwirtschaft, um dafür das Futter zu produzieren. (Und was sieht man da? Der Monsanto-Genmais scheint bereits am Horizont aufzutauchen.) *„Die Hühner stellen einen wichtigen Teil der Ernährung der Minderbemittelten dar. Sie spielen auch eine bedeutende Rolle, um das Einkommen der kleinen Züchter zu erhöhen."* AfricaWorks gibt Gelder an "Novos

Horizontes" - eine NGO finanziert Industrie. Diese beschafft für die armen afrikanischen Bauern die Küken, die Brutkästen, das Futter, die Antibiotika, die bei der intensiven Aufzucht nicht im alltäglichen Futter fehlen dürfen, usw. Die „Züchter" ernähren sie 35 Tage lang, dann übernimmt sie NH (Novos Horizontes), tötet sie, gefriert sie ein und exportiert sie.

Die „armen" afrikanischen Bauern, die zuerst ihre natürlich aufgewachsenen Hühner verzehrten und einen Teil an die örtlichen Händler verkauften, bekommen jetzt nur Pfennige von NH für ihre, von ihnen aufgezogenen, giftigen Hühner, aber sie haben keine Wahl: Das Land, auf dem sie leben, gehört nun NH, der Hühnermarkt in Afrika wurde von NH durch die Hühner aus der Intensivzucht zu Schleuderpreisen zerstört. NH ist leistungsstark, wettbewerbsfähig – denn sie zahlt den „Züchtern" extrem wenig für ihre Hühner, erhält von den korrupten Regierungen gratis Ländereien für den Anbau von Viehfutter und wird im Rahmen der internationalen Zusammenarbeit, also von den korrupten Regierungen der reichen Länder, finanziert, wie auch von der humanitären Organisation AfricaWorks, also ebenfalls von den Regierungen der reichen Länder.[43] [44] [45] [46] [47]

Bei diesem philanthropischen Werk, auf afrikanischer Erde Hühner in Intensivzucht fett werden zu lassen, sind die

43- http://africaworks.org/about-us/

44- http://africaworks.org/what-we-do/

45- http://africaworks.org/currentlocations/ http://africaworks.org/leadership/

46- http://www.africaworks.org/smg.php

47- http://www.africaworks.org/poultrymoz.php

NGOs nicht zu zählen. Ihre Nabelschur verbindet sie oft noch mit der Heimat der Buren, Holland.[48] [49]

Und wie es nicht anders sein könnte, die Massentierhaltung der Hühner – bitte, ein wenig Mitleid auch für die armen Hühner, denn sie sind, wie die afrikanischen Bauern, unschuldige Opfer der fieberhaften Jagd nach dem „Fortschritt" – bringt uns wieder zur Marionette Bill (Gates). 2016 brachte er den "Plan Huhn" auf, um Afrika zu helfen, und verschenkte 100.000 Hühner, um einen Anfang zu setzen.[50]

Aber der Reihe nach. AfricaWorks ist ein Arm von „Partners Worldwide", einer Non-Profit-Organisation mit Sitz in Michigan: Eine Non-Profit, die sich aber mit Geschäften abgibt und *„anstrebt, die Armut abzuschaffen"*, indem sie *„ein mächtiges christliches Netzwerk ins Leben ruft, das den Profit dazu benutzt, auf der ganzen Welt blühende Wirtschaften zu schaffen."*

Die Führungsgruppe von „Partners Worldwide" ist heterogen und setzt sich aus vielen Rassen zusammen. Die Angehörigen der weißen Rasse haben sich fast alle in Grand Rapids, Michigan, USA, niedergelassen, wo sich das Mutterhaus befindet, und fast alle haben holländische Familiennamen. PW entstand 1994 als „Partners for Christian Development", um die Zusammenarbeit von Unternehmen zu fördern, von christlichen natürlich. Eine kleine Abschweifung: Die Missionare sind immer noch unter uns und die Vergangenheit ist nicht so weit weg, wie man denkt.

48· http://www.novoshorizontes.net/partners

49· https://www.crcna.org/

50· http://www.bbc.com/news/world-africa-36487536

Deren Aufgabe ist es, *„über globale Beziehungen ein mächtiges, christliches Netzwerk ins Leben zu rufen, als Mittel, um auf der ganzen Welt eine blühende Wirtschaft zu schaffen*“.

Es sind US-amerikanische Evangelisten. Anscheinend besteht für sie die Lehre des Evangeliums aus dem Gebot: „Gehet hin und bereichert euch, wie ihr nur könnt.“

Wie jede große internationale, anerkannte NGO arbeitet PW mit anderen, überwiegend US-amerikanischen Organisationen zusammen. Eine davon ist „Arrow Global Capital”, die das erklärte Ziel verfolgt, Unternehmer und Investoren an einem Ende der Welt mit denen des anderen Endes zu verbinden. Aber es handelt sich um „philanthropische Investoren“. Früher nannte man sie Spekulanten.

Der Investor, so, wie man es heute normalerweise definiert, verdient sein Geld, indem er spekuliert und dabei die Arbeit anderer ausnutzt. Sein Geld steckt er in Unternehmen der Dritten Welt, die „Arbeit geben“.

Wie diese Arbeit – die genommen und nicht „gegeben“ wird - vergütet und unter welchen Bedingungen sie ausgeführt wird, darüber weiß man nichts. Aber nichts hindert uns daran, es sich vorzustellen. Ein Beispiel für eine solche Unternehmung, mit der „Investoren“ ihr Geld verdienen, ist die Hühnerzucht in Mozambique. Auf der Homepage von „Arrow Global Capital” sieht man auch Fotos, die davon überzeugen sollen, wie einträglich diese Spekulation ist. In einer schlüpfrigen Baracke aus Leinwand, Holz und Zement laufen hunderte, verblödete Küken auf einem Boden aus gestampfter Erde herum, daneben posiert eine ebenso verwirrte afrikanische

Frau für ein Foto mit einem Afrikaner des Typus eines Mafioso unterster Ebene. Es handelt sich um den Unternehmer.[51] Die traditionelle Bezeichnung für ihn wäre „Caporale"[52], das Modewort dafür ist „Vermittler". Er kauft und verteilt, oder verteilt auch nur, Küken, Futter und Arznei an die sogenannten kleinen Züchter. Aber natürlich stehen auf der Spitze der Pyramide der Wohltätigkeit die westlichen Investoren, die aus all diesen Machenschaften ihre Vorteile ziehen.

En passant: Eine andere Unternehmung, die von der AGC ins Leben gerufen wurde, ist die intensive Krabbenzucht in Nicaragua. Die Agentur, die damit zu tun hat, verdiente über 360.000 Dollar im Jahr und hat dank der AGC 2015 drei neue Arbeitsplätze geschaffen: für einen Fahrer und zwei Security-Leute.

Das sind nur einige Beispiele der Verflechtungen zwischen NGO oder Non-Profit-Unternehmen und dem globalen Kapitalismus. Dreht sich euch alles? Auch mir ein wenig. Trotzdem, ich möchte darauf aufmerksam machen, was die intensive Krabbenzucht darstellt, die es uns im Westen erlaubt, zu einem so niedrigen Preis ein Gericht zu kaufen, das vor wenigen Jahrzehnten noch ein seltener Luxus für Reiche war.

Allein in Bangladesch wurden 200.000 Hektar Mangrovenwälder und fruchtbare Erde zerstört, um für die enormen Wasserbecken Platz zu schaffen, in denen die Krabben gezüchtet werden. Jedes Becken hat eine Oberfläche von

51· http://www.arrowglobalcapital.org/entrepreneurs/

52· „Caporale", der Verantwortliche für die Einstellung von unterbezahlten Schwarzarbeitern bei Mafia und Camorra

etlichen Hektar. Die Krabben verstecken sich nicht, sie haben einen ausgeprägten Instinkt gegen Schmutz, die schwangeren Weibchen werden also in den Küstengewässern aufgesammelt und in die Becken gebracht, dort werden sie mit Futter und Antibiotika versorgt. Das „Futter“ besteht aus den Fischen der Korallenriffe, die von kleinen Fischerbooten aus mit Schleppnetzen gefangen, dann gepresst und getrocknet werden. Auf den Booten arbeiten die Menschen in Halb-Sklaverei. Alle 20 Tage wird das Wasser aus den Becken in das Meer geleert, es ist voll mit Exkrementen, Antibiotika und Desinfektionsmittel. Nach neun Jahren wird alles aufgegeben, denn die Verschmutzung hat dann einen Grad erreicht, der die Aufzucht unmöglich macht. Dann sind natürlich die Bauern, die dort lebten, und die kleinen Fischer, die entlang der Küste ihrer Arbeit nachgingen, schon längst ruiniert.

Dieser Vorgang wird beispielsweise von der USAID und der FAO subventioniert. Immer geht es um die Entwicklung. Und auch „Arrow Global Capital“ macht dabei mit, wie wir gesehen haben.[53] [54]

53- http://www.biologiamarina.eu/Allevamento_Gamberi.html

54- http://www.ilcambiamento.it/articoli/mangiare_gamberi

Der Philanthrop, der aus dem Osten kam und oft dorthin zurückkehrt

Nehmen wir eine andere führende Persönlichkeit aus diesem verhedderten Gebilde, das aus Multinationalen, übernationalen Institutionen, internationalen philanthropischen Stiftungen, großen NGOs und – an letzter Stelle nach Rang und Grad – nationalen Regierungen besteht. Nehmen wir George Soros und seine „Open Society Foundation", die *"dafür arbeitet, lebendige und tolerante Demokratien aufzubauen, in denen die Regierungen Verantwortung tragen und offen für die Teilnahme des ganzen Volkes sind"*.

Bravo, bravo! Jubeln wir und klatschen wir in die Hände! Niemand kann noch mehr verlangen, aber… welche Art von Demokratie ist jene, die von einer milliardenschweren Stiftung „aufgebaut" wird?

Sollte es nicht das Volk selbst sein, das seine Demokratie und seine Regierungen schafft?

Aber machen wir es nicht zu kompliziert, sehen wir uns an, wer dieser Superheld der Demokratie, dieser Magnat des philanthropischen Kapitalismus ist. Um dies zu verstehen, genügt es vielleicht schon, sich auf das zu berufen, was er selbst von sich sagt. Vorurteilsfrei berufen wir uns auf seine offizielle Biographie.

Nach ihr wurde George Soros 1931 auf den Namen György Schwartz in Budapest als Sohn einer wohlhabenden Familie jüdischer Herkunft geboren. 1944 überlebte seine Familie die Besetzung Ungarns durch Deutschland, weil sie *„Dokumente erwarb, die bescheinigten, sie seien Christen*". Es hat sich jedoch herausgestellt, dass mit 14 Jahren Soros als Sohn eines Funktionärs des Landwirtschaftsministerium der ungarischen pro-faschistischen Kollaborationsregierung geführt wurde, der den Auftrag hatte, das Eigentum der deportierten Juden zu beschlagnahmen. Der junge George Soros begleitete ihn bei dieser sicherlich sehr profitablen Tätigkeit. Er erklärte dazu in der Öffentlichkeit, er fühle sich in keiner Schuld stehend, denn *„wie bei den Finanzmärkten, wenn der eine nicht diese Arbeit gemacht hätte, hätte sie ein anderer übernommen*".[55] [56] [57] Stimmt doch, oder? Und wenn sie keiner gemacht hätte?

Unser Held, angeblich jüdischer Herkunft, war nicht aus dem von den Nazis besetzten und von ungarischen Faschisten regierten Ungarn geflohen, sondern hatte bei ihnen Arbeit gefunden. Er verdrückt sich, als die sowjetischen Truppen kommen. Mit seiner Beute?

Ich füge nichts mehr hinzu, nicht einmal darüber, dass der verfolgte Jude am Ende der Verfolgung nicht den Namen seiner Familie wieder annahm, seinen wahren (?) Namen. Auch nichts über seine Spekulationen zu verschiedenen europäischen Währungen vor der Einführung des Euro, die

55- http://www.larouchepub.com/eiw/public/1993/eirv20n49-19931217/eirv20n49-19931217_012-adl_favorite_soros_helped_nazis.pdf

56- https://www.planet360.info/george_soros_dcleaks/

57- https://www.youtube.com/watch?v=rd39zUvreOU

deren Wert abstürzen ließen. Ich hoffe, der Leser hat genügend Vorstellungskraft, um aus der Kindheit, der Jugend und der Reife von George Soros seine Schlüsse zu ziehen. Nach neuesten wissenschaftlichen Forschungen müsste bereits die Deduktionsfähigkeit eines Hamsters ausreichend sein, um darauf zu kommen. Mit gutem Grund kann ich annehmen, dass derjenige, der dieses Buch liest, nicht unter dem Niveau dieser netten Tierchen steht. Wer allerdings in seinem Verständnis – oder seiner Ehrenhaftigkeit - bestimmt auf einer tieferen Stufe steht, sind die Medien und die Institutionen der vorherrschenden westlichen Welt, die anscheinend trotz all ihrer Verehrung dessen, was „wissenschaftlich" sein soll, nicht die Fähigkeit verloren haben, an Märchen zu glauben.

Gehen wir der Reihe nach weiter und betrachten wir, wer heute in der internationalen Führung der OSF (Open Society Foundation) sitzt – nicht alle, es wären zu viele, suchen wir uns besonders typische Personen aus.

Emma Bonino. Wir kennen sie gut als europäische Kommissarin zwischen 1994 und 1999, zuständig für humanitäre Hilfe, Fischfang, Konsum, Gesundheit der Konsumenten und Sicherheit in der Ernährung. Sie ist in der Leitung der transnationalen Radikalen Partei.

Maria Cattaui. Generalsekretärin der Internationalen Handelskammer von 1996 bis 2005. Von 1977 bis 1996 leitete sie das „World Economic Forum" in Genf. Direktorin der „International Crisis Group", des "East West Institute", des "Internationalen Instituts für Erziehung", *"und anderes"*.

Um in etwa zu wissen, worum es geht: „International Crisis

Group“ ist eine internationale NGO, die von Berufspolitikern und globalen Neoliberalen, Imperialisten aus Berufung, geleitet wird. Sie sagt, Kriege verhindern zu wollen und zu diesem Zweck Druck auf Regierungen in der ganzen Welt ausüben zu wollen – auf Regierungen, die der Westen für unbequem hält, solange sie sich nicht unterwerfen oder ihre Zelte öffnen. Zu diesen „Pazifisten“ gehört Javier Solana – wir wissen, wie er versucht hat, den Krieg in Jugoslawien zu verhindern – und der berühmte Friedensfreund Wesley Clark, früherer Oberster Befehlshaber der NATO.

Und weiter.

Anatole Kaletsky, Direktor der “Gavekal Dragonomics“, Hong Kong und Peking, von Firmen, die weltweit investieren, und J.P. Morgan für den Bereich der aufstrebenden Märkte der Schwellenländer.

Annette Laborey beschäftigte sich mit der Unterstützung der „unabhängigen” Intellektuellen in Jugoslawien, Polen, Ungarn, der Tschechoslowakei, Rumänien, Bulgarien, der DDR und den baltischen Republiken. Aber nur bis zum Zusammenbruch der sozialistischen Regierungen. Jetzt sind die unabhängigen, antikapitalistischen Intellektuellen auf sich selbst angewiesen. Was uns angeht, die unabhängigen westlichen Intellektuellen, für uns gibt es keine Stiftungen, die uns unterstützen.

Marck Mallock Brown ist besonders interessant: ehemalige Nummer Zwei der UN, Mitglied des Foreign Office und des House of Lords; Direktor der SGO (Society of Gynecologic Oncology), einer Gesellschaft, die 2012 eine NGO wurde und deren Partner die bedeutendsten Pharmaziekonzerne sind;

Direktor der Investec, einem Multinationalen der Finanzwelt, und der Seplat, einer nigerianischen Erdölgesellschaft, sowie der Kerogen, einem Multinationalen für Erdgas und Erdöl. Trotz dieser Verpflichtungen hatte er genug Zeit unter Kofi Annan als Vizesekretär der UN zu fungieren. Er ist auch Mitarbeiter der Oxford University und von Yale. Kleinere Aufgaben vernachlässige ich hier.

Warum ist unser Mark M. Brown so interessant? Nicht nur, weil wir den Verdacht haben könnten, es handle sich bei ihm um ein genetisch modifiziertes Wesen, denn es scheint uns doch ausgeschlossen, dass es einem menschlichen Wesen möglich sei, „im Herzen und im Geiste" eine solche Ladung an Konkurrenzgeist, Aggressivität und Energie zu besitzen, um all diese Verpflichtungen erfolgreich zu erfüllen. Nein, es ist nicht deswegen. Unser Mark ist interessant, weil er uns zeigt, wie in einer einzigen Person – dank seiner Gabe der Allgegenwärtigkeit und des menschlichen Teletransporters – die Verbindungen, die Verknüpfungen und das wirtschaftliche, politische und kulturelle Instrumentarium des globalen Kapitalismus synthetisiert sind.

Dafür ist die „Open Society Foundation" von George Soros – oder einer Person an seiner Stelle – nur ein Beispiel für unzählige andere.[58]

Die Projekte der OSF sind nicht zu zählen, sie umfassen fast alle Bereiche einer Weltregierung auf dem ganzen Planeten. Das Gesundheitswesen nimmt jedoch eine wichtige Stelle ein: Es ist die Goldmine des 21. Jahrhunderts. Die

58- https://www.opensocietyfoundations.org/about/boards/open-society-global-board

Menschenrechte sprießen überall, wie Unkraut. Die Legalisierung der Drogen ist ein weiteres Schlachtross unserer Soros-Philanthropen und man muss kein rückwärtsgewandter Verschwörungstheoretiker sein, um zu verstehen, dass es sich um einen „aufstrebenden Markt“ handelt – wenn es nur gelingt, ihn aufstreben zu lassen. Heute ist es ein Schwarzmarkt, der „nur“ in den Händen der Mafia ist – von dem aber auch eine gewisse Anzahl von Bauern profitiert, besonders in Lateinamerika. Es ist ein Markt, der sich durch die bestehenden Gesetze nicht übermäßig ausdehnen kann, wie es gemäß den Gesetzen und der Moral des Marktes wünschenswert wäre. Ein Markt, der – effizient in aller Konsequenz – synthetische Drogen mit Patent herstellen könnte, zum Leidwesen der kolumbianischen Bauern und der afghanischen Taleban. Mit einer gelungenen Werbekampagne – offen oder versteckt – wie für die Zigaretten, könnte man doch so viele Kunden bekommen! Sichere, treue Kunden, die immer kaufen - wenn sie erst nur einmal oder zweimal gekauft haben!

Was die OSF ihren Erklärungen nach vorhat, ist die Übernahme von dem, was heute als Droge betrachtet und für illegal erklärt wird – Cannabis, Ecstasy und LSD werden zitiert – in den Bereich der Arzneimittel. Natürlich wären sie dann als Arzneien synthetisch, würden in pharmazeutischen Labors hergestellt und von der Pharmaindustrie verkauft werden. Deshalb das Gejammer über die aktuellen Gesetze und Regelungen, die eine Behinderung der Wissenschaft darstellen, wie sie sagen. Aber wir können wohl vermuten, es handle sich um die Behinderung eines überaus vielversprechenden Marktes.

Der Gebrauch von Drogen als Psychopharmaka oder normale Schmerzmittel würde einen unendlichen Markt eröffnen: Abgesehen von denen, die schon heute das Bedürfnis haben, Drogen einzunehmen, würde Millionen von Menschen Rauschgift verabreicht werden, die nur Schlaf finden oder ihre arthritischen Schmerzen lindern möchten.

Hier handelt es sich nur um logische Folgerungen auf der Grundlage von Indizien, auch wenn sie fundiert sind. Kehren wir aber zu den Fakten zurück.

Die OSF beschäftigt sich intensiv mit Schule und Erziehung, subventioniert Kurse in Instituten und Universitäten und gründet auch Institute und Universitäten. Sie engagiert sich in Ost und West – aber mehr im Osten als im Westen - und in Nord und Süd um Menschenrechte. Sie kümmert sich um die Minderheiten, von den Roma bis zu den Transsexuellen.

Mit wem zusammen?

„In einigen Fällen schließt die Mitarbeit Vereinbarungen zur Kostenteilung mit ein. In anderen Fällen… beschließen die Geber ein Projekt des „Open Society Institute“ zu finanzieren oder, umgekehrt, wir finanzieren ein Projekt von ihnen.“ [59]

Und da sind sie: die Weltbank, die Weltgesundheitsorganisation, UNAIDS, UNICEF, UNESCO, OSCE, Europäische Union, State Department der USA, europäische Regierungen, die kanadische Regierung, dutzende von Stiftungen, darunter die BMGF, die Rockefeller Stiftung, die Lilly Endowment (ein Pharma-Multinationaler); 12 Universitäten; Zentren für

59· https://www.opensocietyfoundations.org/sites/default/files/partners_20090720_0.pdf

Demokratie, Rechte und Freiheiten hier und dort; und, *last but not least*, an letzter Stelle, aber nicht hinsichtlich ihrer Bedeutung, die NGO.

Jede dieser Institutionen und Organisationen würde ein eigenes Kapitel verlangen. Die armen westlichen Regierungen sind letztendlich ziemlich transparent, auch wenn sie es nicht sein möchten. Nicht einmal diejenigen, die für sie stimmen, habe noch Vertrauen in sie. Die internationalen Institutionen sind ebenfalls so mies angesehen, dass sie meist nur noch Argwohn hervorrufen. Aber wie kann man einer Organisation misstrauen, die erklärt, den Armen helfen zu wollen, den Schwachen, den Kranken, den Verfolgten? Einer NGO zum Beispiel, willkürlich unter den Mitarbeitern der OSF ausgesucht, die sich „Refugee International" nennt und den Flüchtlingen überall auf der Welt helfen will?

Misstrauen wir ihr?

Sehen wir uns an, wie sie hilft. Bringt sie Wasser und Brot? Nein. Aber „*Feldforschung*" und dann „*Forschungsberichte*" und schließlich: „*Die abschließenden Berichte und unsere Empfehlungen werden den Politikern übermittelt und es wird angegeben, für welche Regionen der Welt eine sofortige Aktion nötig ist.*"

Sehen wir uns an, wem „Refugee International" mit seinen Berichten und Empfehlungen hilft. Im Jahre des Herrn 2017 sind die ersten, denen geholfen wurde, die Rohingya in Myanmar, einem Land im Visier des Westens, das sich noch nicht bedingungslos unterworfen hat und von daher nicht die Menschenrechte achtet. Die zweiten sind die Frauen des IS, die nach der Befreiung von Mosul im Irak festgehalten wurden. Wir entdecken aber ebenfalls, dass 2015 die US-amerikanische Regierung „*auch dank Refugee International*", während einer Konferenz der „Geberländer" in Kuwait 508 Millionen Dollar für die Krise in Syrien aufbrachte.

Um den Flüchtlingen zu helfen? Oder um sie zu schaffen?

Sind wir immer noch misstrauisch? Sag mir, wer du bist, und ich sage dir, was du vorhast. Wer ist der Präsident von „Refugee International"?

Eric P. Schwartz. Ein großes Kaliber. Er hatte die Funktion des Assistenten des State Department in den USA für den Bereich Bevölkerung, Flüchtlinge und Einwanderer inne; er war Berater für Internationale Angelegenheiten und Sonderberater des Präsidenten für Multilaterale und humanitäre Angelegenheiten; er „*spielte eine Rolle... bei der Ausdehnung der amerikanischen Streitkräfte in Westafrika... und hatte bedeutende Verpflichtungen für die USA in Zentralamerika und im Kosovo*"; „*er arbeitete mit der Secretary of State Hillary Clinton... im State Department mit einem Budget von 1,85 Milliarden Dollar*".

2006 bis 2009 leitet er den CONNECT U.S. FUND, eine Multinationale-NGO mit der Aufgabe, die "Verantwortung"(!) der USA für Geschehnisse jenseits des Ozeans zu fördern. Dazu gehören die Hewlett Foundation, der Rockefeller Brothers Fund, das Open Society Institute, die Ford Foundation, Atlantic Philantropies und die Mott Foundation. Es sind wieder alle zusammen.

Und es ist noch nicht zu Ende!

2005 bis 2007 war er von Kofi Annan zum Sonderbotschafter der UN für den wirtschaftlichen Wiederaufschwung nach dem Tsunami ernannt worden.[60]

Unser Menschenfreund hat sich mit vielen Dingen abgegeben, aber immer zu Gunsten der US-Regierung – den Nicht-Regierungsorganisationen zum Trotz! Der große Freund der Flüchtlinge hat einen großen Teil seines Lebens damit verbracht, der Regierung seines Landes zu dienen, und wir können davon ausgehen, dass er es immer noch tut – einer Regierung, die direkt oder indirekt für die Mehrheit der Kriege verantwortlich ist, die unseren Planeten seit dem Ende des II. Weltkriegs verwüstet haben. Er hat Millionen von Flüchtlingen jeder Rasse und Hautfarbe erst geschaffen.

Ein weiterer Schritt im Labyrinth der „Open Society Foundation“ und anderer Institute von George Soros oder wer an seine Stelle trat: Betrachten wir das Engagement im Bereich der Gesundheit.

Ihre Spezialität ist AIDS, sie subventioniert mindestens sieben NGOs, die damit beschäftigt sind.

Vielleicht habt ihr euch einmal gefragt, was aus der beängstigenden, so schrecklichen AIDS-Epidemie geworden ist, die in den Achtziger Jahren begann, als dieser fürchterliche Virus zum ersten Mal in den USA und dann überall auf der Welt auftauchte. Vielleicht erinnert ihr euch noch an die Kampagne, für die so laut getrommelt wurde, die von den Medien ausging, in die Schulen kam und sogar die Kirchen erreichte. Ein paar Jahre lautes Geschrei und dann nichts mehr. AIDS

60- https://www.hhh.umn.edu/directory/eric-schwartz

kam in die Schublade wie der Rinderwahnsinn, an dem die Kühe erkrankten und die, welche sie aßen. Offiziell war das Futtermehl dafür verantwortlich, mit dem sie ernährt wurden. Dieses Futtermehl wird in kleinen Dosierungen immer noch dem Futter von Schweinen, Hühnern, Hasen und Fischen aus intensiver Zucht beigegeben, aber offiziell scheint es ihnen nicht zu schaden.

Zurück zu AIDS. Man spricht kaum mehr oder gar nicht mehr davon. Zumindest im Westen. Warum? Vielleicht liegt die Antwort in den Antiretroviralen, den Medikamenten, mit dem das Syndrom der Immundefizienz – gottseidank immer weniger- behandelt wird.

Schon 1993 brachte die englische Tageszeitung „Independent“ den Titel „Aufstieg und Fall von AZT“, der antiretroviralen Arznei, die das Leben von AIDS-Erkrankten retten sollte.[61]

Der Aufstieg ist leicht zu erklären: Nach der terroristischen Kampagne war der Boden für den Aufstieg irgendeines Medikaments fruchtbar, wenn es nur versprach, eine Krankheit zu heilen, die als tödlich und extrem schmerzhaft dargestellt wurde. Der Fall ist etwas schwieriger zu erklären. Es gehört wohl zu den Phänomenen, zu denen der Satz passt: Lügen – zumindest große und zumindest in der Medizin – haben kurze Beine.

AZT wurde nicht nur den Kranken, sondern auch den Gesunden verabreicht, das heißt, denen, die nach der klinischen Analyse als HIV-positiv galten, auch wenn sie keine

61- http://www.independent.co.uk/arts-entertainment/the-rise-and-fall-of-azt-it-was-the-drug-that-had-to-work-it-brought-hope-to-people-with-hiv-and-2320491.html

Symptome der Krankheit zeigten. Erst danach begannen sie, sich wirklich schlecht zu fühlen.

1993 wurde auch eine englisch-französische Studie veröffentlicht, die vom British Medical Research Council und dem entsprechenden französischen Institut mit 1.749 Patienten über drei Jahre durchgeführt worden war. Die Ergebnisse der Studie zeigten, dass AZT für die Behandlung der HIV-positiven Personen völlig ineffizient und unbrauchbar war. Die Sterblichkeit lag bei den mit AZT behandelten Patienten sogar höher als bei denen, die ein Placebo bekommen hatten.

Schon viele Jahre hatten sich kritische Stimmen aus dem Bereich der Wissenschaft gegen das antiretrovirale Medikament erhoben und sogar gegen die Theorie des „HIV-Virus“. Glücklicherweise stehen nicht alle Wissenschaftler, Ärzte und Forscher im Sold der Multinationalen – aber die Medien. Wenn nicht alle, dann fast alle. Denn diese kritischen Stimmen von mehr als 2000 Ärzten, Biologen, Wissenschaftlern und Forschern – darunter auch vier Nobelpreisträger – erreichen weder Ohren, noch Augen der Leser.

Doktor Joseph Sonnabend, südafrikanischer Physiker und Mikrobiologe, eine allgemein anerkannte Persönlichkeit auf dem Gebiet der AIDS-Forschung, Gründer von Stiftungen wie der AMFAR und von NGOs wie der ACRIA, die sich alle der wissenschaftlichen Forschung über AIDS widmen, war der Meinung und ist es immer noch, dass der Virus nicht die einzige Ursache der erworbenen Immundefizienz ist.

2011 sagte er – con cognizione di causa, da viele seiner Patienten an der Erprobung dieses Medikaments teilgenommen hatten – dass die Ergebnisse dieser Experimente unglaubhaft sind und die Experimente nicht korrekt durchgeführt wurden. Er fügte noch hinzu, was sogar noch schlimmer ist, dass Symptome wie Diarrhöe, Fieber und Gewichtsverlust automatisch AIDS zugeschrieben wurden, ohne eine weitere Überprüfung.[62]

Erinnern wir uns daran, wir sind in Südafrika.

AZT war Jahrzehnte zuvor als ein Mittel in der Chemotherapie entwickelt worden. Da es jedoch *„den Patienten tötete, bevor es den Krebs vernichtete*“, wurde es wieder beiseitegelegt. Aber die Pharma-Multinationalen werfen nie etwas weg, so wie unsere Großmütter, denn „es kann noch zu etwas gut sein“. Im Wettlauf, wer das neue Mittel für die neue Krankheit zuerst patentieren lässt, die, ob man es wollte oder nicht, zu einer weltweiten Epidemie geworden war, zog so der englische „Wellcome Trust“ wieder das alte Chemotherapeutikum aus der Schublade hervor, das sich zuvor als zu emsig und aggressiv entpuppt hatte. Der britische „Wellcome Trust“! Welche Überraschung! Er ist wie ein Prisma, er hat so viele Gesichter, aber alle sind doch gleich. Und er gewann.

„Es gab einen enormen Druck auf die FDA (die amerikanische Institution für die Zulassung von Arzneimitteln), damit sie AZT zuließe, auch angesichts des Klimas der sich verbreitenden Angst.“[63]

Der Medienterrorismus war also einer der Faktoren für den Aufstieg von AZT. So wurde denn auch die „Arznei“ mit der Zusicherung des Pharmakonzerns Wellcome, sie nur bei

62· https://www.poz.com/blog/·v·behaviorurldefaul

63· https://www.spin.com/featured/aids·and·the·azt·scandal·spin·1989·feature·sins·of·omission/

schwer erkrankten Patienten einzusetzen, zugelassen. Natürlich war es nicht so. Tausende von HIV-positiven Menschen wurden mit AZT „behandelt" – die Folgen waren katastrophal. Die Konsequenzen waren auch für die Ärzte, die es verschrieben, sichtbar, aber in erster Linie für die Patienten, die es einnahmen.

Zu den Kritikern der Behandlung mit Antiretroviralen und der HIV-AIDS-Theorie (d.h. der Theorie, welche das Syndrom der Immundefizienz einzig und allein dem HIV-Virus zuschreibt) gehörten und gehören, wie ich schon sagte, mehr als 2.000 Wissenschaftler, Ärzte und Forscher aus der ganzen Welt. Sie habe die Vereinigung "Rethinking AIDS" gegründet, zu der Wissenschaftler mit einem Weltruf und einem so verdienten Prestige gehören, dass alle Versuche, sie zu diskreditieren, ins Wasser fielen.

Peter Duesberg, Luc Montaigner, David Crowe, Henry Bauer… Big Pharma hat all seine Ressourcen gegen sie mobilisiert, aber die Schädlichkeit von AZT vorher und der neuen Antiretroviralen war so offensichtlich, dass AIDS mehr oder weniger aus Afrika verbannt wurde.

„Eine englisch-indische Studie, die in der renommierten wissenschaftlichen Zeitschrift „The Journal of AIDS" veröffentlicht wurde, zeigte, welche Schäden AZT dem Fötus zufügen kann. Von 104 Frauen der Studie verloren 16 ihr Kind und 8 Frauen hatten behinderte Kinder. Vorsicht, vergessen wir nicht, dass noch nicht bewiesen ist, dass HIV der Grund für AIDS ist. Auch Anthony Fauci stellte eine Studie an, die enorme Schäden bei HIV-positiven Kindern nach der Monotherapie mit AZT anzeigte." (Peter Duesberg)

„Das breite Publikum hörte erst vor kurzem von diesen Arzneimitteln und anlässlich ihres Gebrauchs bei Anti-AIDS-Cocktails. Viele Jahre wurden sie von den pharmazeutischen Unternehmen für andere Anwendungsbereiche hergestellt... Als ich für die Abbott arbeitete, habe ich verschiedene hergestellt... bei all diesen Inhibitoren man fand keine Anwendungsmöglichkeit und sie wurden ins Regal gestellt, wo sie verstaubten... Leider wurden wie im Fall AZT die kontrollierten Studien über die Inhibitoren der Protease, die bei AIDS angewandt werden, nie zu Ende geführt... deswegen werden die Auswirkungen direkt bei den Patienten entdeckt, die sie einnehmen... Die „New York Times" hat kürzlich auf der ersten Seite einen Artikel veröffentlicht, einen Hinweis auf die zunehmende Ineffektivität der Therapie mit diesen Inhibitoren." (Doktor David Rasnick – Universität von Kalifornien) (L) (Rai report AIDS)

Als die Beine von AZT kürzer wurden, entwickelte sich eine AIDS-Epidemie in Afrika.

So wurden die Antiretroviralen zu den "zu wenig verwendeten" Arzneien, um die sich beispielsweise die Gates Stiftung sorgt. Aber sie kann nicht alles machen. Unser ungarischer Philanthrop ist immer zur Hilfe bereit, nachdem die Pharma-Multinationalen doch so viel Geld ausgegeben hatten, um die Medien, die Regierungen und die Wissenschaftler zu bezahlen – und ihre Wissenschaftler sind teuer! Zum Glück haben die Arzneien und die Experimente nicht sonderlich viel gekostet, aber es wäre doch eine Schande gewesen, sie nach all den Mühen nicht zu nutzen. Big Pharma gibt nicht auf und die „Open Society Foundation" auch nicht. Sie fordert weiterhin von den Regierungen und der transnationalen Institutionen Gelder für die Behandlung mit Antiretroviralen, leitet eine Kampagne für die Behandlung schwangerer Frauen ein und arbeitet mit „AIDS and Rights Alliance for Southern Africa" und „AIDS Foundation East-West", die sich mit der Heilung von AIDS in der Ex-Sowjetunion beschäftigt, zusammen.

Unausweichlich waren die „Ärzte ohne Grenzen" *„unter den ersten medizinischen Organisationen, die in den Entwicklungsländern antiretrovirale Arzneimittel verteilten"* und *„Ende 2012 antiretrovirale Therapie an 284.300 Patienten anwandte"*. 2016 forderte sie „ein Aktionsprogramm und die Mobilisierung internationaler Akteure, um die Therapie in vernachlässigte Gemeinschaften zu bringen". Vor der UN-Initiative zu AIDS, ebenfalls 2016, und nachdem die Regierungen sie für ihre edlen Bemühungen gelobt hatten, der Dritten Welt Antiretrovirale zu liefern, forderte sie, in aller Eile die „Behandlung" auch in den noch nicht „abgedeckten" Ländern West- und Zentralafrikas zu verbreiten. Frau Doktor Ferreyra, Expertin für AIDS bei „Ärzte ohne Grenzen" erklärte:

„Die Anzahl der Personen in HIV-Behandlung hat sich in den letzten fünf Jahren verdoppelt und die Zahl von 17 Millionen erreicht. Aber die Menschen in West- und Zentralafrika blieben ausgeschlossen… die Mitgliedsstaaten müssen diese Lücken füllen… und die Anzahl der Personen, die eine antiretrovirale Therapie beginnen, in den nächsten drei Jahren verdreifachen."[64][65]

64- https://www.msfaccess.org/about-us/media-room/press-releases/delivering-differently-reach-people-living-hiv-west-and-central

65- https://www.msfaccess.org/about-us/media-room/press-releases/msf-governments-un-must-address-severe-lack-hiv-treatment-access-

Natürlich ist es wichtig, die Behandlung zu beginnen, wie sie enden wird, weiß man nicht. Unsere „Ärzte ohne Grenzen" haben viele Grenzen überschritten.

Eine kleine Anmerkung. Auch die Rockefeller Stiftung, wie übrigens ebenfalls viele andere, ist an der AIDS-Front besonders aktiv. Gemeinsam mit der BMGF hat sie 1996 mit Regierungen und Multinationalen die „International AIDS Vaccine Initiative (IAVI)" ins Leben gerufen. Ein toller Impfstoff, der alle in Deckung bringt, wer weiß, vor was. Und sie ist auch stolz darauf, eine Initiative zur Behandlung schwangerer Frauen (Mother to Child Transmission Plus Initiative) ins Leben gerufen zu haben, die unter anderem *„die Pflege ganzer Familien, der Frauen, ihrer Gefährten und ihrer Kinder anbietet"*.[66]

Die Unternehmungslust der Werwölfe!

66· https://rockfound.rockarch.org/hiv/aids

Den Hungernden zu Essen geben

Bei der Expo 2015 in Mailand, von Kommunalpolitikern, Mafia und anderen Geschäftemachern umjubelt, kümmerte man sich doch auch sehr um die Armen, den Hunger und den Durst der Armen und sogar - wie sind wir doch menschlich, nein, entschuldigt, humanitär! – um den „versteckten" Hunger. Das heißt, eine Reihe von Afrikanern und auch einige Asiaten fühlen sich satt und verstehen nicht, dass sie doch Hunger haben. Denn der Hunger versteckt sich. Es fehlen ihnen Vitamine und Mineralstoffe und sie merken es nicht. Aber der pharmazeutischen und der Lebensmittelindustrie fällt es auf. Anscheinend sind die „sich dessen nicht bewussten Hungernden" gut zwei Milliarden Menschen. Wer diese Zahl ausgerechnet hat, weiß man nicht. Der Markt ist also, um beim Thema zu bleiben, überaus appetitlich. Man findet leicht die Gelder für eine Entwicklungshilfe zu Gunsten der Firmen von Lebensmittelzusatzstoffen, „angereichertem" Essen und „verbessertem" Saatgut. Die willigen NGOs sind auch bereit alles zu verteilen.[67]

Am Ende der langen Reihe „Helfen wir den Armen!" steht das World Food Program, das Welternährungsprogramm. Eine ONLUS. Eine NGO konnte es nicht werden, da es von

67· http://www.ilsole24ore.com/art/commenti-e-idee/2015-05-10/la-tragedia-fame-mondo-081337.shtml?uuid=AB9SxkdD

mehr als sechzig Regierungen finanziert wird. Eine wirklich übernationale Einrichtung, die sich dafür engagiert, die Welt zu verkleinern und sie damit manövrierfähiger zu machen.

Schauen wir uns an, wer sie manövrieren will, diese Welt, die so komplex ist, dass viele sie einfacher, völlig homogen machen möchten.

Nun gut, der Geschäftsführer des World Food Program (WFP) ist David Muldrow Beasley, USA. Ex-Mitglied der Demokratischen Partei, Ex-Gouverneur von South Carolina für die Republikanische Partei und dann weiter voran "*im Verlauf einer vierzigjährigen Karriere in der Welt der staatlichen Institutionen und der Geschäftswelt*".[68] Jemand, der sich wirklich auf „globale Politik" versteht.

Das WPF arbeitet mit dem „privaten Sektor" zusammen und diese Kollaboration „*kombiniert technische Assistenz... nicht nur um globale Probleme zu lösen, sondern auch um erhebliche kommerzielle Profite zu schaffen*".

Eine solche Zusammenarbeit begeistert den Präsidenten von Master Card, Ajay Banga, der meint, dies könne „*großartige Möglichkeiten, erstaunliche Initiativen*" schaffen.[69]

Jedes Jahr findet ein Treffen dieser globalen Institution mit den NGOs statt, mit denen sie zusammenarbeitet und die für sie den Hunger bekämpfen. 2017 waren fünfzig NGOs eingeladen. Wer waren sie?

68- https://www.nga.org/cms/home/governors/past-governors-bios/page_south_carolina/col2-content/main-content-list/title_beasley_david.default.html

69- http://www1.wfp.org/private-sector

Nehmen wir uns eine davon vor, zufällig ausgesucht, ohne Vorurteil. Falls wir Vorurteile haben, dann tun wir eben so, als hätten wir sie nicht. Wir nehmen die erste NGO auf der alphabetisch geordneten Liste und werfen kurz ein Auge auf sie. Das ist sie: ACDI/VOCA.

"Eine Organisation zur wirtschaftlichen Entwicklung, welche das freie wirtschaftliche Wachstum fördert, den Lebensstandard erhöht und lebendige Gemeinden schafft."

Wo ist ihr Sitz? Ratet mal! In Washington. Der vollständige Name ist "Agricultural Development International and Volunteers in Overseas Cooperative Assistance".

Aber wir müssen nicht weiter nachhaken, es ist nicht nötig: Das erste Projekt, das uns auffällt ist *„die Einführung von Reis, um den Hunger in Burkina Faso zu bekämpfen"*. Aber nur zwei Spezies von Reis, FKR19 und FKR45N, "verbesserter Reis". Natürlich erklären sie den Bauern auch, wie man ihn anpflanzt, und wie unabkömmlich chemischer Dünger und Insektenvernichtungsmittel sind.

Sie haben auch noch die Frechheit, uns zu erzählen, dass *„vor dem Projekt viele Bauern in Goenega Hirse, Zwerghirse oder Mais, aber selten Reis anbauten."*[70]

Weil sie so dumm sind, diese afrikanischen Bauen, kam die ACDI und brachte ihnen bei, was sie zu tun haben.

„Eine von acht Personen geht hungrig zu Bett. Wenn wir Ernährung für alle garantieren wollen, müssen wir den Bauern helfen, ihre Felder effektiver zu bebauen."

70- http://www.acdivoca.org/2017/11/vim-project-introduces-rice-to-fight-hunger-in-burkina-faso/

Wer sagte das? Diese wohltätige NGO namens ACDI? Das „World Food Program"? Falsch. Das sagte Dupont, einer der drei Kolosse der Samenproduktion, die 63% des Weltmarktes für Samen kontrollieren und 75% des Weltmarktes für Pestizide. Die beiden anderen sind Syngeta und Monsanto.[71] [72]

Nur um deren Entwicklung zu fördern, sind Stiftungen und NGOs so bemüht, die afrikanischen und asiatischen Bauern davon zu überzeugen, industrielles und/oder genetisch modifiziertes Getreide anzubauen. Man muss sich also nicht allzu sehr wundern, dass eine internationale Institution, eine NGO, und ein mächtiger Multinationaler die gleiche Auffassung zur Entwicklung haben.

Noch ein Detail zu unserer ACDI. Sie sagt über sich:

„Als führende Kraft in der Erkennung von Investmentmöglichkeiten für den privaten Sektor, die den Hebel auf öffentliche Programme ansetzt, harmonisieren wir die Notwendigkeiten mit den Ressourcen der Finanziers…"

„… unsere Programme verpflichten die Aktionäre der Industrie, sich auf dem Markt an Erfolgen zu konzentrieren. Dies schafft erträgliche Veränderungen."

Tatsächlich, die Afrikaner ertragen es wortwörtlich.

Der Chef, Bill Polidoro, hat für Pact, Datex und die Development Assistance Corporation gearbeitet. Wer sind sie? Sind sie alle Philanthropen? Nicht wirklich. Datex ist ein

71- http://www.acdivoca.org/

72- http://www.repubblica.it/economia/2016/09/18/news/il_grande_fratello_dei_semi_all_assalto_chimico_dell_agricoltura_mondiale-147841238/

Multinationaler für Dienstleistungen auf dem Gebiet der Technologie für die Industrie. Aber im Kern arbeiten alle für die „Entwicklung“.

Der ausführende Kopf ist Sylvia Megret, eine Expertin für Geschäfte auf den neuen Märkten. Sie arbeitete für die „CARDNO Emerging Markets”, ein Unternehmen, ein Multinationaler selbstverständlich, der der Industrie seine Dienste „zum Studium und zur Programmatik der internationalen Entwicklung“ anbietet.[73]

Dann haben wir in der Leitung der ACDL noch Experten im „Agrobusiness“ und im Handel, Anwälte zur Unterstützung des Finanzwesens und der Industrie auf den internationalen Märkten, Bankiers und globale Geschäftemacher.[74]

Alle sind von ihrer Mission, den Hunger auf der Welt, besonders in Afrika und den Ex-Sowjetrepubliken, einschließlich Russland, zu mindern, wie besessen. Ihre Projekte in Russland sind allerdings schon 2008 zu Ende gegangen. Die Russen haben wohl keinen Hunger mehr, nicht einmal „versteckten“.

Erlauben wir uns eine Bemerkung zu den „verbesserten“, „angereicherten“ oder „genetisch modifizierten“ Lebensmitteln und, wenn man so will, zu deren Rolle im globalen Kapitalismus, die von der globalen Philanthropie und den NGOs aufrechterhalten wird, deren langer Arm sie sind. Beginnen wir mit dem Reis FKR19, dann sind wir schon mittendrin.

73- http://www.acdivoca.org/about/team/sylvia-megret/

74- http://www.acdivoca.org/about/team/

Es gibt etliche Studien über diesen Reis und seinen FKR-Verwandten mit anderer Nummer[75] - Studien von Wissenschaftlern im Dienst der globalen Lebensmittelindustrie, die in vielen Fällen auch Universitätsdozenten sind und den Studenten beibringen, alles zu „verbessern“, was natürlich ist. Alles soll künstlich, kommerziell und patentierbar sein. Man nennt es Biotechnologie, eines der Streitrösser des modernen Kapitals. Die Anwendung erfolgt auf Speisen, pharmazeutische Produkte, Lack, Kosmetika und Waffen – je mehr man davon hat, desto mehr nimmt man und desto mehr verdient man.

Während also Umweltschützer und Kleinbauern die biologische und lokale Landwirtschaft fördern, die Bauernmärkte und die Wiederentdeckung antiker Anbaukulturen, die widerstandsfähiger gegenüber Krankheiten, Parasiten und Klimakatastrophen sind, engagieren sich die Industriemonopole zusammen mit den OHM auf „angereicherte“ Landwirtschaftsprodukte und Lebensmittel, das heißt, in Industrielabors veränderte Produkte, denen ein klein wenig beigefügt oder ein klein wenig weggenommen wurde.

Man muss die Menschheit davon überzeugen, dass uns nur die Lebensmittelindustrie adäquat ernähren kann, dass Getreide, Obst, Gemüse, Fleisch, Eier und Milchprodukte, die natürlich hergestellt werden, für unseren Organismus inadäquat, wenn nicht sogar schädlich sind. Wir müssen mindestens Nahrungsergänzungsmittel hinzufügen.

Aber bevor das Getreide auf den Markt geworfen wird, ist wie für die pharmazeutischen Produkte die Erprobung im

75- http://thinkbio.com.au/wp-content/uploads/2015/09/Rice-Ghana1.pdf

späteren Anwendungsbereich notwendig. Man will damit das Risiko vermeiden, einen Misserfolg zu vermelden, einen Reinfall für die Lebensmittelindustrie, die das Produkt „verbessert" hat. Jedes dieser verbesserten Produkte riskiert, nicht überleben zu können, nicht einmal mit allen Pestiziden, die von der gleichen Industrie hergestellt werden, die sie, sagen wir es so, geschaffen hat. Oder entstellt hat, wie man will.

Aus diesem Grund muss man sie im Anbau prüfen, um zu sehen, was geschieht, bevor man sie im großen Maßstab produziert, um sie dann auf den Markt zu bringen. Afrika und die internationale Zusammenarbeit mit der Entwicklungshilfe bieten gleichzeitig drei Möglichkeiten an: Die erste ist das Experiment in Form des Saatguts und der NGO, die seinen Anbau planen und die Bauern überzeugen. Dies wird mit unseren Steuergeldern bezahlt. Die zweite ist der Ruin der Bauern und keiner zahlt. Im Gegenteil, man kann von ihrem Elend profitieren, ihre Ländereien an sich reißen und die Anzahl der den Unternehmen ausgelieferten Arbeitskräfte erhöhen. Die dritte ist der sofortige Verkauf des „angereicherten" Produkts auf den afrikanischen Märkten, wenn das Experiment gut verlaufen ist. Dies geschieht mit weiterer Hilfe im Rahmen der internationalen Zusammenarbeit. Saatgut und Pestizide werden nun an die von der Großindustrie und den Saatgut-Multinationalen abhängigen Bauern verkauft.

Bevor wir unsere Aufmerksamkeit auf eine andere große NGO richten – diesmal mit berechtigten Vorurteilen ausgerüstet – eine notwendige Überlegung zur „Lebensmittelhilfe". Auch diese NGO bekämpft den Hunger in der Welt - und versucht, ihren Appetit auf Kosten der Völker der Dritten Welt zu sättigen oder verteilt an Katastrophenopfern und Flüchtlingen die Produkte unserer Lebensmittelindustrie und noch mehr.

Die Lebensmittelhilfe hat verschiedene Funktionen, nicht nur die offensichtliche, nämlich den Hungernden Essen zu geben und den Dürstenden zu trinken – jetzt hat sich gerade wegen der Katastrophen auch eine Industrie des Trinkwassers in Plastikbehältern entwickelt.

Die primäre Funktion – die jedem in die Augen springt, der sie hat – ist exakt die, unsere Nahrungsmittel-Großindustrie zu unterstützen. UN, Europäische Union, WFP, UNICEF, UNHCR und verschiedene NGOs wenden sich sicherlich für ihre Lieferungen an Mehl, Michpulver, Konserven, usw. nicht an die Bauern oder die weiterverarbeitende Kleinindustrie. Sie machen auch nicht ihre Einkäufe in den Gebieten, die den von der Katastrophe betroffenen Zonen am nächsten legen.

Die zweite, die nicht so offensichtlich ist, ist die Förderung der erdölverarbeitenden Industrie, zum Beispiel in Form von tausenden von Tonnen Plastikbehälter, in denen das Wasser verpackt wird.

Die dritte, die oft vergessen wird, ist die Förderung der Erdölindustrie und der Transportindustrie: Flugzeuge, Containerschiffe und gewaltige Lastwagen transportieren die Millionen Tonnen Hilfsgüter, die überall auf der Welt verteilt werden.

Die vierte ist die Bereitstellung von zusätzlichen Formen eines Auskommens teils für die Prominenz, teils für die örtlichen Halsabschneider, denn ein Teil der Hilfsgüter wird von ihnen abgefangen und weiterverkauft.[76] [77] Wohl aus diesem Grund hat die so geschmähte Regierung von Myanmar die „Hilfe für Rohingya" eingestellt und die internationalen Organisationen angeklagt, die Hilfsgüter terroristischen Gruppen zu liefern.[78] [79] Das wäre ja auch keine Neuigkeit.

„Bevor Natalina Cea, Beauftragte der Europäischen Kommission, um die Zölle in Ordnung zu bringen, zurücktrat, hatte sie den Regierungen in Tirana und Brüssel ein Dossier geschickt, in dem alle Unregelmäßigkeiten hinsichtlich der humanitären Mission im Kosovo aufgeführt waren. Sie betrafen die Nichtregierungsorganisationen, die unter Mitwisserschaft der Botschaften illegalen Handel und Waffenhandel betrieben."

"... die Übergabe von Waffen an die UCK unter dem Schutz einiger, auch europäischer Nichtregierungsorganisationen. Die Namen dieser Organisationen werden in dem famosen Dossier genannt, das an die Europäische Kommission geschickt wurde, von dessen Existenz aber anscheinend niemand etwas weiß."[80]

Die fünfte Funktion, die überwiegend dann in Kraft tritt, wenn man in diesem oder jenem Land genug von „Hunger und

---

76- https://archive.org/stream/Increasing Nitrogen Availability for Rice Growth In Irrigated System In Sourou Valley (Burkina Faso)_djvu.txtl

77- http://www.report.rai.it/dl/Report/puntata/ContentItem-2b784640-2882-47ae-874c-03ceddb1a66c.html

78- http://www.medicisenzafrontiere.it/notizie/news/myanmar-consentire-subito-l'accesso-degli-aiuti-umanitari-internazionali-nello-stato

79-http://www.asianews.it/notizie-it/Bangladesh-Myanmar,-firmato-l'accordo-sul-rimpatrio-dei-Rohingya-42408.html

80- http://www.report.rai.it/dl/Report/puntata/ContentItem-2b784640-2882-47ae-874c-03ceddb1a66c.html

Not" erzählt hat, ist die Zerstörung der Landwirtschaft dieses Landes – eine Strategie der Eroberung und der Beherrschung.

Wir haben diese Strategie in der halben Welt an der Arbeit gesehen – ohne ihre Bedeutung zu erfassen. Wir hörten von Hunger und Not und von der Lebensmittelhilfe. Uns wurden die Menschenschlangen gezeigt, die sich anstellten, um ein Lebensmittelpaket zu bekommen. Sie sagen uns, dies sei unsere Nächstenliebe gegenüber den Armen auf der Welt.

Sehen wir uns doch an, was diese „Nächstenliebe" für Somalia gebracht hat.

„Von Mitte der Siebziger Jahre bis Mitte der Achtziger Jahre stieg die Lebensmittelhilfe um das 15fache, mit einer jährlichen Steigerung um 31% ... diese billige Schwemme an Getreide und Reis, die dann auf dem Binnenmarkt weiterverkauft wurde, ersetzte die lokalen Produzenten und führte zu einer Änderung im Modell des Lebensmittelkonsums zu Ungunsten der traditionellen Kulturen, Mais und Hirse... der Zufluss an Lebensmittelhilfe führte zur Verarmung der bäuerlichen Gemeinschaften."

„Ab Anfang der Achtziger Jahre wurden die Getreidemärkte unter der Aufsicht der Weltbank dereglementiert. Die Getreideüberschüsse der Vereinigen Staaten werden systematisch dazu benutzt, um wie im Fall Somalia die Bauern zu ruinieren und die traditionelle nationale Landwirtschaft zu destabilisieren..."[81]

Werfen wir nun ein Auge auf CARE, eine große internationale NGO mit Zentrale in den USA, die zu den Helfern

81· Michel Chossudovsky, The globalisation of poverty. Impacts of IMF and World Bank reforms. Zed Books, London u. a. 1996

und Mitarbeitern des WFP und des Welternährungsprogramms gehört.

Es ist eine von jenen Katastrophen-NGOs, die den Hunger in der Welt bekämpfen. Ende 2017 bemühte sie sich eifrig um die „*Flüchtlingskrise in Myanmar*".

CARE verteilt Essen und Medizin unter den Flüchtlingen in Bangladesch. Dasselbe tut sie auch unter den somalischen Flüchtlingen in Kenia, unter den sudanesischen Flüchtlingen, den syrischen und den jemenitischen. Man könnte sagen, die von den USA geförderten Kriege fördern auch die NGOs der USA.

Natürlich verteilt CARE außer Nahrung und Wasser auch noch andere Sachen an die Kriegsflüchtlinge, zum Beispiel ein „Hygieneset". Aus was besteht es wohl? Windeln, Binden, Toilettenpapier, Zahnbürsten und Zahnpasta? Wir können es nicht wissen. Sie sagen es uns nicht.

Aber sie sagen uns, unter ihren Partnern sei das "Cornell Atkinson's Center for a Sustainable Future". „Sustainable" – vertretbar – aber was soll denn wirklich unterstützt werden? Wir können es herausfinden.

Die Cornell University ist die Frucht der US-Philanthropie. Sie wurde von Herrn Atkinson gegründet, dem Ex-Direktor einer großen US-amerikanischen Finanzgruppe.[82] Und das ist die „vertretbare Zukunft", für die sich unser Forschungszentrum einsetzt: Biokraftstoffe, Energie, Batterien, fossile Quellen, Geothermik, Solarzellen, Artenvielfalt und Entwicklung,

82· https://www.atkinson.cornell.edu/about/people/eab/atkinson-pop.php

Beschäftigung und Arbeitskraft, Ernährungsweisen, Geo-Ingenieurwesen und vieles andere mehr. Zusammenfassend: Wie man aus dem Klimawandel und anderen Katastrophen Profit schlagen kann.

Aber es gibt noch mehr, noch weitere elf philanthropische Stiftungen, die CARE subventionieren. Die unvermeidliche Bill and Melinda Gates Foundation kann genauso wenig fehlen wie die OAK Foundation, ein anderer Name für die OSF von Soros[83]. Dann sind da noch die Multinationalen, gleich eine ganze Menge: Merck, Coca Cola, Cargill, Nike, Procter&Gamble… nur um ein paar Beispiele zu nennen.

Und diese „vertretbare Zukunft" – was verbindet CARE mit dem Blabla des Cornell Atkinson's Center? Alle diese Dinge, von denen CARE verkündet, sie machen zu wollen, zu planen und auszuführen, sind so gut und heilig, dass wir fast daran glauben könnten. So viele schöne Worte, ein Schwall schöner Worte, um nichts zu sagen oder zumindest nichts Genaues. Wenn man nicht zu müde ist, um nachzuhaken, beginnt man an einem bestimmten Punkt den üblichen Leichengeruch wahrzunehmen. Man findet aber kein Skelett im Schrank, sondern vielmehr einen Leichnam, in einem Koffer gezwängt, der an einem unverdächtigen Ort abgestellt wurde. Eine Gepäckaufbewahrung? Nein, eine große NGO.

„Der Fisch fängt vom Kopf an, zu stinken.", sagten unsere Großeltern. Der Kopf, in diesem Fall von CARE, ist die USAID, also eine Regierungsbehörde der USA für die Entwicklungshilfe: Ich überlasse euch die Entscheidung: Kommt

83- https://www.care.org/about/partnerships/foundations-trusts

da nicht ein unverwechselbarer Gestank heraus? Aber in Wirklichkeit stinkt bei dieser großen NGO namens CARE International sogar das Wasser:

CARE nimmt zum Beispiel an einem Projekt (der USAID) in Kenia teil, um *„den Zugang der Bevölkerung zu Wasser und Hygiene zu erleichtern"*.

Eine lobenswerte Initiative - so scheint es – lobenswert und notwendig, um der Bevölkerung von Gebieten, die dank unseres Konsums, der den Treibhauseffekt steigert, immer trockener werden, zu helfen. Die USA sind an der Spitze der Bewegung zur Klimazerstörung. Aber was flüstert uns der Floh ins Ohr: Dieses Projekt sieht die Zusammenarbeit mit dem „privaten Sektor" vor, abgesehen davon natürlich mit der Regierung.[84] Die Übersetzung ist dadurch leicht geworden: Das Projekt „Kenia Rapid" *„mobilisiert technische Ressourcen"* und die Techniker, um die es geht, sind Multinationale der Suche und Verwendung von Wasser (Brunnen, Wasserleitungen und Staudämme), wie die „Acacia Waters", ein holländisches Unternehmen, Partner des Projekts, das *„eine Leidenschaft für das Grundwasser"* hat.[85] Und auch eine Leidenschaft für die Finanzen aus der internationalen Zusammenarbeit.

„Die Teilnahme des privaten Sektors… lässt die Investitionen anwachsen, ebenso wie die Möglichkeiten für eine bessere und finanzierbare Wasserversorgung" und da man bei den Zielen des Projekts explizit von *„wiederholbaren kommerziellen Modellen"* spricht, ist die Übersetzung wiederum nicht schwierig - trotz

84- http://www.care.org/sites/default/files/kenya_rapid_0.pdf

85- http://en.acaciawater.com/nw-29143-2/nieuws/kenya

dieser unendlichen Wolke schöner Worte, wie man doch den Armen auf vertretbare und hygienische Art helfen möchte, mit der CARE und USAID versuchen, uns die Orientierung verlieren zu lassen.

Das Projekt hat den Zweck, zu „kommerzialisieren", das heißt, den Afrikanern ihr eigenes Wasser zu verkaufen - nachdem man sich dessen als „akzeptable Betreiber" bemächtigt hat und nachdem man die Multinationalen (in Form einer NGO oder nicht) über die Entwicklungshilfe subventionierte. Sie dienen der Entwicklung, tatsächlich, aber ihrer eigenen.

Wenn wir uns die anderen Gesellschafter des Projekts anschauen, merken wir, dass der Hunger auf der Welt wirklich enorm ist. Da ist die „Sweet Sense" mit Sitz in den USA und Ruanda, die gottverlassenen afrikanischen Dörfern „*innovative Sensoren*" anbietet, „*um den Erfolg von Projekten globaler Entwicklung zu sichern... die einzigen wirklich robusten und kompakten, mit einem System genauester Datenerfassung... anwendbar auf Pumpen, Wasserfilter...*"[86].

Da ist der Konzern Unilever, den man wohl nicht vorstellen muss, aber erinnern wir uns wenigstens daran, dass seine Produkte seit Jahrzehnten die Welt verschmutzen und vernichten: Reinigungsmittel, Kosmetika, Junkfood mit Palmöl versetzt, Plastikbehälter, ... schwierig, alles aufzuzählen... aber auch Unilever spricht nun die Sprache der NGOs: nachhaltiges Wachstum, vertretbare Zukunft, Hilfe für die Armen. Wie? Mit den Wäldern, die von Ölpalmen „geschützt" werden. Dort, wo ihr Wald zusammen mit Milliarden von Lebewesen

86- http://www.sweetsensors.com/

zerstört wurde, können die „armen Bauern“ fröhlich für den philanthropischen Unilever arbeiten.[87] Und besorgt er ihnen auch das Wasser Afrikas?

Und da ist IBM - so trifft man sich wieder! Sie werden ihre technologischen Produkte verkaufen, das hydro-philanthropische System planen und in Gang bringen.

Da ist Coca Cola Africa Foundation, die ungemein am afrikanischen Wasser interessiert ist.

Da ist die Vitol, ein multinationales Energieunternehmen, „*am Herzen des Weltmarktes für Energie*“, mit der gleichnamigen philanthropischen Stiftung.

Machen wir hier Schluss, denn es gibt zu viele Philanthropen, die an diesem Projekt teilhaben, um den Hungrigen und Durstigen zu essen und zu trinken zu geben. Sie sind wirklich unersättlich.[88]

Ein nicht unwichtiges Detail: Man spricht bei diesem Projekt, wie bei allen Projekten, die den Armen Wasser geben möchten, vom „Desinfizieren“, vom „antibakteriellen Wasser“ – denn wir müssen ihnen ja nicht nur ihr Wasser, sondern auch unser Chlor verkaufen.

87- https://www.unilever.it/sustainable-living/

88- https://www.google.it/search?dcr=0&ei=9Ft_WoHjHcatU i2gogD&q=kenya+rapid+0+pdf&oq=kenya+rapid+0+pdf&gs_l=psy-ab.12...27181.28676.0.32821.4.4.0.0.0.0.172.568.0j4.4.0....0...1c.1.64.psy-ab..0.2.316...33i22i29i30k1j33i21k1.0.SzcJIZDiPWk

Was sind die Menschenrechte?

Wenn man gut hinsieht, sind die Meinungen über die Menschenrechte uneinheitlich, oft nicht übereinstimmend. In den Gesellschaften, die „sich entwickeln", so sagt man, ändern sich die Menschenrechte im Verlauf der Zeit, im Raum und sogar im Kopf jedes Einzelnen. Sogar hier und heute ist zum Beispiel die Abtreibung in den Augen eines überzeugten Katholiken kein Recht, während sie für eine Feministin sogar ein unantastbares Recht darstellt. Die Folter verletzt sicherlich die „Menschenrechte". Damit sind anscheinend alle einverstanden. In Worten. Aber dann wendet ein Land wie die USA, unerbittlicher Jäger und Verfolger von Verletzungen der Menschenrechte in Staaten, die sie nicht beherrschen können, hier und dort die Folter an, auch im eigenen Hause, und rechtfertigt sie mit unschuldiger Miene - ohne jede Konsequenz.

Wie ist es möglich, dass man zur Verteidigung der sogenannten „Menschenrechte" NGOs braucht? Um die Gesetze anzuwenden? Ist das vielleicht eine Aufgabe der „Freiwilligen"? Um bessere Gesetze durchzusetzen? Ist das nicht eine Aufgabe und ein Kampf, der die Völker betrifft, ihre Bewegungen, Parteien oder Gewerkschaften, und der nur auf diese Weise Erfolg haben kann?

Aber nein, das Zwanzigste Jahrhundert hat die NGOs der

Menschenrechte erfunden: Nicht-Regierungsorganisationen, die großzügig von den westlichen Regierungen und dem weltweiten Superregierungen finanziert werden.

Warum?

Versuchen wir es zu verstehen, indem wir einen Blick auf die berühmteste aller NGOs werfen, dem Star der Menschenrechte, auf Amnesty International.

Was tut Amnesty International? „Wir forschen nach und prangern den Missbrauch an, wo immer er auch geschieht." „*Wir üben Druck auf die Regierungen und andere mächtige Gruppen, wie auf die großen multinationalen Unternehmen aus, um zu erreichen, dass sie ihre Versprechen halten und die internationalen Gesetze respektieren.*"

Auf wen übte Amnesty zuletzt Druck aus?

Auf Ungarn, wo keine „Flüchtlinge" aufgenommen werden; auf China, das 2014 einen Anwalt ins Gefängnis steckte, ihn 2015 entließ, aber trotzdem rührt Amnesty die Trommel; dasselbe gilt für Belorussland, das einen „Aktivisten" freigelassen hat – Amnesty behauptet, es sei ihr Verdienst; auf das Weltwirtschaftsforum, das nicht Afrika verkaufen soll; auf Salvador, damit es das Abtreibungsgesetz ändert und auf Qatar aufgrund der Lebensbedingungen der eingewanderten Arbeiter.[89]

Können wir also sagen, sie lässt sich von niemandem beeinflussen, wenn es um die Verteidigung der Menschenrechte geht?

89- https://www.amnesty.org/en/what-we-do/

Sehen wir uns die Sache genauer an.

Wie arbeitet sie? Das kommt darauf an. Wenn es um die Rechte der indigenen Völker und der Bewegung MILPAH in Honduras geht, beschränkt sie sich auf eine Petition auf ihrer Homepage. Zu den Rohingya in Myanmar stellte sie Untersuchungen an, schrieb Berichte und verfasste Petitionen, hielt Pressekonferenzen ab, Interviews, schrieb Dokumente und aktuelle Berichte, Tag für Tag, Monat für Monat. Ihre Informationen wurden immer aufsehenerregender und erschreckender: Aus hunderten wurden tausende, die Dörfer brannten, man ging bis zur „ethnischen Säuberung". Alltäglicher Druck auf internationale Institutionen und Regierungen, sogar auf die indische, dass sie die Rohingya aufnehme, dass sie den Waffenverkauf an die Regierung von Myanmar einstelle.[90] [91] [92] [93]

Zweierlei Maß? Was wiegt mehr? Und warum wiegt es mehr?

Dass die Regierung von Myanmar sagte, dass es „rebellische" islamische Integralisten waren – wenn sie im Westen agieren, nennt man sie „Terroristen" – welche die Bevölkerung zum Exodus zwangen, hat keine Bedeutung. Dass Amnesty International aussagte, 120 Flüchtlinge der Rohingya befragt zu haben, von denen sie Informationen bekam, die sie dann

90· https://www.amnesty.org/en/get-involved/take-action/help-stop-the-violence-in-myanmar/

91· https://www.amnesty.it/myanmar-non-si-ferma-la-pulizia-etnica-rohingya/

92· https://www.amnesty.ch/it/news/2018/myanmar-rohingya-ancora-perseguitati

93· https://www.amnesty.org/en/countries/asia-and-the-pacific/myanmar/report-myanmar/

laut in der ganzen Westen ausposaunte - und welche alle westlichen Medien weiterverbreiteten - das ist wichtig, das wird zur jetzt aufgedeckten Wahrheit erklärt.

Dass Aung San Suu Kyi, Außenministerin von Myanmar und einmal Lieblingskind der Verteidiger der Menschenrechte und des ganzen Westens, sagte, dass die westlichen NGOs den „Rebellen“ („Terroristen“, wenn sie im Westen agieren) Hilfslieferungen bereitstellen, diskreditierte nur Aung San Suu Kyi.

Warum?

„… die Regie der Terroristen der Gruppe ARSA, die damit beschäftigt sind, den Konflikt nicht zur Ruhe kommen zu lassen, vielleicht mit dem Ziel, dort einen islamischen Staat zu gründen, die Rohinya gegen die Armee einzusetzen und sie unter Androhung von Waffengewalt nach Bangladesch zu zwingen. Sie töten, sie brandschatzen. Es wurde ein Massengrab mit rund hundert Hindu gefunden. Es ist die Regie der westlichen Länder, sicherlich solidarisch mit den Muslimen, die Opfer einer Welle der Gewalt sind, sie sind ohne Heimat seit Jahrhunderten, aber ebenfalls daran interessiert, mit einer rücksichtslosen Kampagne Aung San Suu Kyi in Verruf zu bringen … Tatsächlich erwarteten sie von ihr, dass sie – sobald sie an der Macht ist – ihr Land gemäß deren Interessen öffnet, um ein Bollwerk gegen China daraus zu machen. Dies ist nicht geschehen, es konnte nicht geschehen.“

Wer sagt das? Ein Agent des KGB? Ein Ufologe und Verschwörungstheoretiker?

Dies sagt Albertina Soliani,[94] Senatorin der Demokratischen Partei (PD), einer Partei, die ganz vorne steht, wenn es darum geht, wie ein Papagei alles zu wiederholen, was Uncle Sam und seine Anhänger von sich geben, und es zu verteidigen. Sicherlich steht sie unter keinem Verdacht anti-westlicher und anti-kapitalistischer Propaganda. Wir können jedoch annehmen, dass diese 74jährige Dame, katholisch und antifaschistisch, Gründerin der Freundschaftsgesellschaft Italien-Burma, noch ein Minimum an moralischer und intellektueller Redlichkeit besitzt oder auch in Anbetracht ihrer Reisen für die Freundschaftsgesellschaft und ihrer Beziehung zur Ministerin Aung San Suu Kyi über direktes Wissen zur Situation in Burma verfügt.[95]

Und nicht nur mit imaginären Rohingya-Flüchtlingen.

Warum ist für die Medien und die westlichen Regierungen Amnesty International immer glaubwürdig?

Wenn wir uns anschauen, wer sie leitet und finanziert, kommen wir vielleicht darauf. Wir werden entdecken, dass es einige Momente in der Vergangenheit gab, in denen gerade die Aktivisten von Amnesty ihren Führern und dem, was sie (nicht) sagten, kein Vertrauen mehr schenkten.

2011 entdeckte man, dass die frühere Generalsekretärin von Amnesty, Irene Khan, eine „Abfindung“ in Höhe von 500.000 Pfund Sterling bekommen hatte, als sie 2009 von

---

94· http://www.noidonne.org/articoli/aung-san-suu-kyi-lettera-aperta-di-albertina-soliani-08434.php

95· http://www.istitutocervi.it/2017/07/13/intervista-ad-albertina-soliani-al-ritorno-dalla-birmania/

ihrem Posten zurücktrat. Es hatte dazu ein geheimes Abkommen gegeben – Amnesty nannte es „vertraulich" – das bei den Unterstützern für einen Skandal sorgte. Die „Abfindung" entsprach mehr als dem Vierfachen ihres Jahresgehalts, was auch nicht schlecht war. Um die Menschenrechte zu verteidigen, bekam Irene Khan 132.490 Sterling im Jahr.

Diese Dame aus Bangladesch hatte sich, bevor sie zum Gipfel von Amnesty International aufstieg, *„ihre Reputation in der Kampagne gegen die Armut gemacht"*.[96 97]

Sicherlich hat Frau Irene Khan gezeigt, welche scharfe und konsequente Kämpferin sie gegen die eigene Armut ist. Sie erwarb sich einen grenzenlosen Reichtum. Mit ihrem Kampfeswillen schaffte sie es, diese bengalische Anwältin, die 21 Jahre im Hauptquartier der Flüchtlingskommission der UN gearbeitet hatte, gleichzeitig als Dozentin an der State University of New York unterrichtete und Bücher über Armut und Menschenrechte schrieb, die in sieben Sprachen übersetzt wurden, Generaldirektorin der IDLO zu werden.[98]

Was zum Teufel ist die IDLO? In der Ära der kapitalistischen Globalisierung hört man nie auf zu lernen, wenn man nicht müde wird. IDLO steht für "International Development Law Organization". Wollen wir es übersetzen? „Internationale Organisation zur Entwicklung des Rechts", aber es könnte auch heißen „Internationale Organisation für das Gesetz der

96- https://www.theguardian.com/commentisfree/libertycentral/2009/oct/17/human-rights-poverty

97- http://www.dailymail.co.uk/news/article-1358537/Revealed-Amnesty-Internationals-800-000-pay-offs-bosses.html

98- http://www.idlo.int/about-idlo/our-people/director-general

Entwicklung", wer weiß. IDLO ist „die einzige zwischenstaatliche Organisation, die sich ausschließlich der Förderung der Rolle des Gesetzes widmet". So heißt es, aber wenn man genauer hinsieht, ist dieser Satz sinnlos. Die Rolle des Gesetzes ist jedem klar und wenn sie „gefördert" werden soll, so ist dies eine Aufgabe der Regierungen, der Gerichte, der Ordnungskräfte und der Institutionen, die mit ihnen verbunden sind.

Und dann? „*Regierungen, multilaterale Institutionen, private Stiftungen und der Privatsektor finanzieren unsere Arbeit.*" Hier beginnt sich der Nebel zu lichten. Die Gesetze, welche die IDLO studiert, vorschlägt und fördert, sind Gesetze, welche die Willkür der Multinationalen auf der Welt legalisieren, die es erlauben, den Kauf ihrer Produkte anzukurbeln oder sogar obligatorisch zu machen, die aus dem intensiven Anbau von Ölpalmen eine „Wiederaufforstung" machen oder zum Beispiel den Gebrauch von Chlor als Desinfektionsmittel für Trinkwasser fördern. Aber ich hoffe, an diesem Punkt wird der Leser Beispiele in Hülle und Fülle finden, wie wir gezwungen werden, Unnützes und Schädliches zu kaufen oder zu gebrauchen, das die Großindustrie erfunden hat, oder wie es erlaubt wird, auf der ganzen Welt die Natur zu vernichten.

IDLO arbeitet im Tandem mit der Weltbank.[99] Eine ihrer Initiativen ist es (Hört! Hört!), „*ineffiziente Arzneimittel zu eliminieren*". Von was spricht sie? Von den tausenden von Produkten der Big Pharma, die unnütz, teuer und manchmal schädlich sind? Im Gegenteil! Sie spricht von den Arzneien, die von kleinen pharmazeutischen Unternehmen in den Län-

99· http://www.idlo.int/what-we-do/initiatives/partnerships-safe-drugs

dern der Dritten Welt hergestellt werden.[100] Sie spricht davon, jede Konkurrenz zu vernichten, die den pharmazeutischen Multinationalen schaden könnte.

Aber wenn man es recht betrachtet, dann sind auch die Chefs und Manager der Multinationalen menschliche Wesen, also kann Irene Khan auch ihre Rechte verteidigen.

Und das führt uns dazu, noch einmal zu fragen, was sind „Menschenrechte"?

In der Vergangenheit war diese unermüdliche Anwältin von englischen Pazifisten wegen des Schweigens von Amnesty zur Folter in Abu Ghraib und des Getuschels zu den Missbrauchsfällen bei den amerikanischen und englischen Truppen im Irak kritisiert worden.[101]

Und weiter, versuchen wir, nicht müde zu werden.

Wenden wir uns der nächsten zu. Suzanne Nossel war Geschäftsführerin von Amnesty International USA. Nicht lange, nur ein knappes Jahr, 2012-2013. Zu sagen, sie sei zurückgetreten, wäre ein Euphemismus - in Wirklichkeit wurde sie davongejagt. Amnesty schrieb im Communiqué zu ihrem Rücktritt: „*Ihre Unterstützung für den Krieg, um die Machtposition der USA in der Welt zu stärken, ließ sie für ihre Position völlig ungeeignet werden.*"[102]

Diese harte Kämpferin hatte für „Human Rights Watch"

100- http://www.idlo.int/what-we-do/public-health/falsified-medicines

101- http://www.dailymail.co.uk/news/article-1358537/Revealed-Amnesty-Internationals-800-000-pay-offs-bosses.html

102- https://humanrightsinvestigations.org/2013/01/09/suzanne-nossel-resigns-amnesty-international-usa-executive-director/

gearbeitet, die andere mächtige NGO für die Menschenrechte, für die Clinton-Administration (Die Präsidenten gehen vorüber, aber die Philanthropen bleiben.), für das „Wall Street Journal", für die „New York Post", für die „Washington Post" und für eine Reihe von Stiftungen und Organisationen in den USA.[103]

Noch einmal, die Supermacht haben die Philanthropen!

Mit der Supermacht von Nossel konnte Amnesty USA während des dortigen NATO-Treffens im Mai 2012 an allen Bushaltestellen in Chicago ein großes Manifest anbringen, in dem diese Organisation gelobt und angefeuert wurde – obwohl trotz allen bösen Willens es nicht einmal Amnesty schafft, sie als Paladin der Menschenrechte hinzustellen. Auf diesem Manifest, unterschrieben Amnesty International, heißt es wortwörtlich: „Menschenrechte für Frauen und Mädchen in Afghanistan – die NATO setzt sich für den Fortschritt ein."[104]

Eine so besessene Kriegstreiberin konnte dieser famosen NGO aber mehr schaden als nützen. Sie hat sich bei Wikipedia bereits das Stichwort „Criticism of Amnesty International" verdient.

Aber von einer NGO kann immer noch zu einer anderen gehen. Unsere Suzanne gibt nicht auf, 2017 hat sie sich auf Myanmar konzentriert. Darauf wäre wohl niemand gekommen. Für den PEN America, dessen Geschäftsführerin sie ist und bei der es sich um eine andere Non-profit handelt, die *„die*

103· https://pen.org/user/suzanne-nossel/

104· https://socialistworker.org/2012/08/08/amnesty-for-occupation

Rechte der Autoren, Journalisten, Herausgeber, Dichter, Essayisten und Dramaturgen verteidigt" ecc. ecc. und *„die Meinungsfreiheit, die Unterstützung für verfolgte Schriftsteller und die literarische Kultur fördert*". Was sind wir glücklich, sie fördern die literarische Kultur! Auf welche Weise?

Indem die sogenannten Fake News, erfundene Nachrichten, als solche identifiziert werden, aber es handelt sich natürlich nicht um die Lügen, die jeden Tag von den Medien der Macht verbreitet werden, sondern um jene Notizen, die von der Macht nicht erwünscht sind und die man in den Medien „am Rande" finden kann, auf den Blogs von Journalisten, die von den westlichen Wirtschaftsmächten hinausgesäubert wurden, usw. – der Meinungsfreiheit zum Trotz. PEN America schreibt, „die privaten Universitäten können es sich aussuchen, Dozenten auch auszuschließen", befürworten es und klagen, dass es die öffentlichen nicht können. Nicht einmal in den USA.[105]

Wie denn? Verteidigen sie das Recht zu schreiben und merzen das Recht zu reden aus?

Aber die Ernennung von Suzanne Nossel hat offensichtlich manchem die Augen geöffnet und es gab Schriftsteller, die sich von der Organisation getrennt haben[106]. Es ist allerdings klar, dass es für den größten Teil der Schriftsteller, Schreiberlinge und Groschenjournalisten des 21. Jahrhunderts eine zu große Versuchung ist, von einer so mächtigen und verästelten „Non-profit" unterstützt zu werden.

105- https://pen.org/wp-content/uploads/2017/10/PEN-America_Faking-News-Report_10-17.pdf

106- https://www.truthdig.com/articles/chris-hedges-resigns-from-human-rights-organization-pen/

Jetzt wissen wir, es gibt eine internationale NGO, die entscheidet, wer im Bereich der Literatur Erfolg haben darf. Vielleicht kann man sich ein wenig besser erklären, was in der Literatur und dem Verlagswesen geschieht und wie internationale literarische und theatralische Erfolge zustandekommen.

Auch wenn wir sie nicht als allmächtig einschätzen sollten, können wir doch anhand dieser NGO verstehen, woher der Wind weht und wie zudringlich, um nicht zu sagen unverschämt, das Verhalten des globalen und globalisierten Kapitals ist.

„Als ich mich vor zehn Jahren in PEN America einschrieb, war ich glücklich, meinen Mitgliedsbeitrag zu zahlen, um das Engagement für die Entwicklung der Literatur und der Verteidigung der Meinungsfreiheit zu unterstützen. Im Lauf der Jahre wurde ich aber durch die Einseitigkeit im Bereich der Menschenrechte enttäuscht … wie viele NGOs hat PEN America beschlossen, Verletzungen der Menschenrechte nicht zu bemerken, wenn sie von den USA und ihren Militärapparaten wie der NATO oder den militärisch von ihnen abhängigen Ländern wie Israel begangen werden.“

Das schrieb Jay Taber, ein amerikanischer Schriftsteller und „Dissident“, der keinen Preis gewinnen wird, Mitglied des Studienzentrums Indigene Welt, Pressechef des Projekts Volontariat für das Gemeinwohl.[107]

Auch Suzanne Nossel, die von einer NGO zur anderen ging, ist Anwältin. Die Saltomortale der Direktoren der großen internationalen NGOs, die von einer Non-profit zu

107· https://intercontinentalcry.org/pen-america-hypocrisy/

einem Multinationalen, einer übernationalen Organisation, einer Medienagentur oder einer nationalen Regierung springen, während sie gleichzeitig an irgendeiner „prestigeträchtigen“ Universität lehren, sagt viel über das Netzwerk der internationalen Organisationen aus, welche die Interessen des globalen Kapitalismus unterstützen.

Die “Menschenrechte“, den Aktivisten guten Glaubens und guten Willens, die sie verteidigen, zum Trotz, sind eine Waffe dieses Netzwerks, um Druck auf Länder oder Bewegungen auszuüben, die diese Interessen bedrohen.

Zu den Finanziers von Amnesty International gehört die Open Society Foundation von Soros. 2008 gab (investierte) sie 750.000 Dollar an Amnesty USA, 2009 waren es 125.000 Dollar, 2013 bekam das Internationale Sekretariat von Amnesty International 500.000 Dollar.[108] [109] [110]

Zwischen Amnesty und der Open Society herrscht eine wirklich brüderliche Zusammenarbeit: Die OSF ermutigt Amnesty dabei, ermahnt sie, bei der Verteidigung der „*Sexarbeiterlnnen*“ „*durchzuhalten*“.

Das Menschenrecht, Sex in eine Ware zu verwandeln, die an der Börse gehandelt wird, und die Prostitution in eine Industrie, die vom Großkapital kontrolliert wird, wird, wie wir sehen können, von Philanthropen und NGOs befürwortet.

108- https://www.opensocietyfoundations.org/about/programs/us-programs/grantees/amnesty-international-usa-0

109- https://www.opensocietyfoundations.org/voices/why-amnesty-international-must-hold-firm-its-support-sex-workers

110- https://www.opensocietyfoundations.org/sites/default/files/2013-program-expenditures-20140508_0.pdf

Wer ist heute in der Leitung von Amnesty International?

Mwikali Muthiani, Spezialistin in "human resources", Ex-Direktorin der "Nation Media Group", der "*größten Medienindustrie in Zentral- und Ostafrika, 1959 von seiner Hoheit Aga Khan gegründet*" und Partner der „Bill and Melinda Gates Foundation". Wie man sich dreht und wendet, man findet doch immer wieder die gleichen. Wie in den aristokratischen Kreisen von damals: Alle kennen sich, alle verkehren miteinander.[111]

Was sind die Ziele und Zwecke dieser Medienagentur, die von Aga Khan gegründet wurde? Wir können begründet annehmen, es geht um die Schaffung und Subventionierung von Zeitungen und anderen "Informations"organen im Dienst der herrschenden, wirtschaftlichen und politischen Macht.

Mwikali Muthiani, die aktuelle Chefin der Menschenrechtler aus Kenia, gehörte auch zu den Direktoren von „Millennium HR", die Initialen stehen für „Human Resources" – auch wir Humanen werden zu einer Ressource. Diese „humane" Agentur ist eine Finanzberatungsstelle, die Strategien studiert und analysiert, wie man die oben genannten „Human Resources" mehr arbeiten lassen und mehr aus ihnen herausholen kann.[112]

Amnesty International ist ein Beispiel, um zu verstehen, was diese in die Welt hinaus posaunten Erklärungen zu den „Menschenrechten" sind, wie sie funktionieren und zu was sie nütze sind.

111· http://www.nationmedia.com/who-we-are/partners/

112· https://www.millenialhr.com/millennial-hr/

Aber vielleicht aufgrund der „Kritikwürdigkeit" dieser NGO, treten heute immer häufiger andere „Paladine" hervor, wie zum Beispiel „Ärzte ohne Grenzen".

„In einem Monat, vom 25. August bis zum 24. September 2017, sind an den Gewalttätigkeiten in Myanmar … mindestens 6.700 Rohingya gestorben, darunter 730 Kinder unter fünf Jahren. Dies ergibt sich aus unserer Untersuchung unter Rohingya-Flüchtlingen in Bangladesch."

Aber gehört es zu den Aufgaben von „Ärzte ohne Grenzen", diese Untersuchungen anzustellen? Sollten sie sich nicht um die Kranken kümmern, die Verletzungen kurieren, den Schwangeren helfen und so weiter? Für wen machen sie diese Untersuchungen? Wer hat diese „Untersuchung" bezahlt? Woher leiten sie ab, dass *„die Unterschrift unter einem Abkommen zwischen den Regierungen von Myanmar und Bangladesch zur Rückkehr der Rohingya verfrüht ist*"?

Dies sagten sie im Dezember 2017, zwei Monate nach dieser angeblichen – verzeiht, dass auch ich diese Modevokabel benutze - Untersuchung.

"Bangladesch-Myanmar, das Abkommen über die Rückkehr der Rohingya wurde unterzeichnet … Von birmanischer Seite hat Aung San Su Kyi versprochen, dass die Rückkehr sicher, ehrenvoll und freiwillig sein wird." (Asianews). [113]

Diese Übereinkunft wollte man nicht, zu vielen wurde damit die Suppe versalzen.

113· http://www.asianews.it/notizie-it/Bangladesh-Myanmar,-firmato-l'accordo-sul-rimpatrio-dei-Rohingya-42408.html

Was macht in der Zwischenzeit „Save the Children" in Anbetracht dessen, dass in den Flüchtlingslagern in Bangladesch „*die sanitären und hygienischen Bedingungen wirklich dramatisch*" sind? Installiert sie Duschen und Toiletten? Nein, nein. Sie verteilt Antibiotika „*an die größtmögliche Anzahl von Personen*" und „*beginnt eine Kampagne zu massenhaften Schutzimpfungen*".

Ist ein Kommentar noch nötig?

Ärzte ohne Grenzen, Save the Children, Amnesty International und der ganze NGO-Menschenrechte-Chor haben jeden Tag von der Gewalt der Armee von Myanmar gegen die Rohingya gesprochen, was von den Medien weiter verbreitet wurde.

Asianews, eine Presseagentur katholischer Missionare, zitiert eine andere Quelle: Mizzma, „*eine von birmanischen Journalisten im Exil gegründete Agentur*". Aus dieser Quelle erfahren wir, dass es noch weiter Evakuierte gibt, in diesem Fall innerhalb von Myanmar. 25.000 Stammesangehörige der Rakhine, der Staat, der von den Rohingya bewohnt wird, sind geflohen und wurden dabei von der Armee eskortiert, um sie vor der Gewalt der ARSA (Arakan Rohingya Salvation Army) zu schützen. Ihre Aussagen, mit Name, Familienname und Angabe des Dorfes, zu dem sie gehören, sprechen von Vergewaltigungen und Massakern, von der überstürzten Flucht kompletter Dorfgemeinschaften. Aus dem Artikel der Mizzima, wie er dann von Asianews übernommen wurde, geht auch hervor, dass es direkte Kontakte zwischen ARSA und ISIS gibt.[114]

114· http://www.asianews.it/notizie-it/Rakhine,-i-gruppi-etnici-raccontano-le-violenze-subite:-E'-Impossibile-la-pace-con-i-Rohingya?-99-41710.html

Warum interessieren sich die Paladine der Menschenrechte nicht für die Rechte der Stammesbevölkerung der Rakhine?

Warum sollten die NGO-Paladine der Menschenrechte glaubwürdiger sein als die Journalisten aus Myanmar?

Warum gibt es in den westlichen Medien keine Journalisten mehr, die dafür bezahlt werden, Sachverhalte nachzuforschen und zu überprüfen, und warum sind diese Medien zum Thema Menschenrechte nur noch zu Megaphonen der großen NGOs geworden?

Die Antwort könnt ihr euch mühelos selbst geben.

Arbeitskräfte einzuführen und sich von ihnen auch noch bezahlen zu lassen oder die NGOs, die den Migranten im Meer helfen, aber nicht auf dem Lande

Bei den vielen Milliarden, die jedes Jahr von den philanthropischen Stiftungen und den NGOs ausgegeben werden, um den Armen zu helfen, dürfe es keinen Emigranten mehr auf der Erde geben. Nur noch die Philanthropen, die Touristen und die italienischen Akademiker und Forscher dürften sich noch von einem Land zum anderen bewegen.

Aber nein. Es scheint, als würde die globale Philanthropie diesen unaufhörlichen Zustrom, nunmehr nicht von Individuen, sondern von Völkern steigern. Aus Afrika, Asien und Osteuropa wenden sie sich nach Westeuropa, die Lateinamerikaner konzentrieren sich in erster Linie auf die USA.

Warum?

Die Antwort ist schwierig, die Gründe sind vielfältig. Aber man sie folgendermaßen zusammenfassen: Es ist der Triumph der kapitalistischen Globalisierung, des globalen Kapitalismus.

Er hat weltweit die Sozialstaaten und die sozialistischen Ländern zerstört, er plündert die Rohstoffe der Länder und Völker, die einmal unabhängig waren, und – auch das ist nicht zu unterschätzen – er zwingt allen seine Kultur auf. Eine Kultur des Individualismus, der Konkurrenz und des Konsumismus. Eine Kultur, die zersplittert und jede gemeinschaftliche Vorstellung verhindert, jeden gemeinsamen Kampf, jede Mobilisierung eines Volkes.

„... wegen des Mangels an Arbeitskräften in gewissen Bereichen... und aufgrund der demographischen Tendenz zur Überalterung, brauchen zahlreiche Industrienationen Immigranten... Von ihrer Seite aus ... geben die Entwicklungsländer an, dass die Auswanderung ein Mittel zur Reduzierung der Massenarbeitslosigkeit und zur Schaffung von Einkommen durch die Überweisungen der Immigranten ist..."[115]

Et voilà! Alle sind zufrieden, die kapitalistischen Länder des Nordens und die kapitalistischen unterworfenen des Südens. Wir importieren billige Arbeitskraft, was früher oder später (aber nicht sehr viel später) zur Senkung der Lohnkosten aller Arbeitskräfte führen wird. Erinnern wir uns daran, dass die Gesetze des Marktes auch für die Arbeitskräfte gelten, sie sind im kapitalistischen System eine Ware wie jede andere auch. Das unausweichliche Gesetz des Marktes sagt, wenn das Angebot einer Ware die Nachfrage überschreitet, sinkt der Preis.

Die Bananenrepubliken im Süden der Welt machen sich von einem guten Teil der arbeitslosen und nicht arbeitslosen

115· http://www.un.org/africarenewal/fr/magazine/january-2006/l'emigration-africaine-tensions-et-solutions

Jugendlichen frei und ersetzen die Unzufriedenheit durch den individuellen Traum einer individuellen Karriere im Schlaraffenland des Westens.

Die Nebenwirkungen sind willkommen: Für die einen sind es die Überweisungen der Immigranten, denn sie tragen dazu bei, die Unzufriedenheit zu lindern und bei denen, die ihn noch nicht haben, den Wunsch, auszuwandern, anzufachen, abgesehen von der Steigerung des Konsums. Der Kampf unter den Armen ist es für die anderen, denn er verschiebt die Unzufriedenheit des Volkes auf die Immigranten, weg von den Herrschern der Immigranten und der Einheimischen.

Doch vergessen wir nicht dabei, dass auch die Emigration bereits ein Geschäft ist – für jeden Emigranten kann man tausende von Dollars ergaunern. Es gibt aber nur bestimmte Typen von Geschäftemachern, die davon profitieren können: die Mafia und die NGOs. Die Mafia holt sich das Geld direkt von den Emigranten, die NGOs holen es sich über die „Entwicklungshilfe", über die Subventionen der Regierungen und der überstaatlichen Institutionen, also aus unserer Tasche und vielleicht nicht nur aus unserer Tasche. Zum Beispiel wird gegen die NGO MOAS, die zur Rettung der Migranten entstand, die riskierten, zu ertrinken, wegen Schleichhandel mit Erdölprodukten ermittelt.[116]

Die MOAS wurde von einem italo-amerikanischen Unternehmer geschaffen. Um welche Art von Unternehmer es sich handelt, weiß man nicht, aber man kann es herausfinden.

116· http://espresso.repubblica.it/plus/articoli/2017/05/08/news/chi-e-davvero-il-fondatore-di-moas-e-dove-finiscono-i-soldi-raccolti-1.301015

Mister Catrambone ist in den USA geboren, hat in den USA studiert, aber man weiß nicht, was. Aber wir finden es heraus: Der Kult in den USA um die Erfolgsmenschen macht es möglich, sehr viel über sie zu erfahren, auch Dinge, die sie gerne übergehen würden. Catrambone hat sich in seinem Studium intensiv mit dem Verbrechen auseinandergesetzt. Zuerst Strafrecht an der McNeese State University, dann ein Master in Kriminologie an der Loyola University, schließlich studierte er Kriegsverbrechen an der Karlova-Universität in Prag.[117] [118]

Wollte er als Richter oder Polizist arbeiten? Aber nein. Zuerst arbeitete er für den amerikanischen Kongress, als was, weiß man nicht, aber es heißt, als „Versicherungsdetektiv". Mit dreißig Jahren hatte er bereits 10 Millionen Dollar erworben.[119] Mit Versicherungen? Nicht wirklich, zumindest nicht in dem Sinn, wie wir normal Sterblichen denken, wenn wir ein Auto anfahren:

„Mit Untersuchungen für Versicherungen und indem er medizinische Dienstleistungen für verletzte Arbeitnehmer in den Kriegsgebieten anbot, speziell für Söldner im Dienst amerikanischer Unternehmen, die im Irak und in Afghanistan operierten." [120]

Eine besonderer Art von Arbeitnehmern, ebenso besonders ist ja auch die Art der „Untersuchungen für Versicherungen" des Herrn Catrambone.

117- http://www.christophercatrambone.com/biography/

118- https://www.bloomberg.com/research/stocks/private/person.asp

119- https://www.theguardian.com/news/2015/jul/08/millionaire-who-rescues-migrants-at-sea

120- http://www.tangiersgroup.com/#history

Dieser Unternehmer und Philanthrop, vergessen wir es nicht, hat mit erst 36 Jahre die Tangiers Group gegründet, eine multinationale Gruppe von Agenturen für *„Dienste für den expandierenden Markt für Versicherungen“*. Einer der wenigen oder der zu vielen, die blitzartig wirtschaftliche Erfolge hatten, wie Berlusconi oder der allgegenwärtige Bill Gates. Versicherungen für alle, uns geht es aber um Agenturen oder ähnliches, einschließlich für Söldner der USA im Irak und in Afghanistan.[121] [122]

Es ist lehrreich, zu sehen, auf welche Art sich unser Mann vorstellt und die Geschichte seines Unternehmens erklärt:

2006 *„gründete Christopher Catrambone, Unternehmer und Abenteurer aus Lake Charles, Louisiana, die Tangiers International, arbeitet im Gebiet von Reggio Calabria in Italien, ist Dienstleister auf den Bühnen der Kriege für die wichtigsten Versicherungsgesellschaften der Vereinigten Staaten … Anzahl der Mitglieder der Gruppe: drei.“*

Es geht dann weiter mit Feldhospitälern im Irak für die Auftraggeber, dann verlagert er seine Aktivitäten nach Malta und Kabul, immer geschäftliche Angelegenheiten. Er ist offiziell Berater und gibt Informationen (?) an die Versicherungsgesellschaften. Daran schließen sich Singapur an, Lloyds in London und schließlich gründet er MOAS, um die Migranten zu retten, allerdings befristet: *„Nach der Rettung von 40.000 Menschen beendet MOAS seine Operationen im Mittelmeer“* und *„… eröffnet eine Klinik in Bangladesch an er Grenze zu Myan-*

121- https://www.tangiersinsurance.com/

122- https://www.tangiersinsurance.com/#products

mar, um die verfolgten Rohingya zu unterstützen.“ Es war doch voraussehbar!

Der Schlussgag der schönen Geschichte, die uns Catambrone erzählt, ist die Tatsache, dass *„im letzten Jahr die Osprey Insurance Brokersum um 10 Prozent gewachsen ist.*“ Es geht natürlich um das Geld, um die Profite des Wohltäters der Menschheit, die Osprey ist Teil der Gruppe Tangiers.[123]

Gehen wir weiter. Catambrone oder jemand an seiner Stelle sind damit beschäftigt *„aktuelle Berichte über aufstrebende Märkte*“ zu liefern, über *„Hilfeleistungen für die Opfer von Gewaltverbrechen, Haft, Verschwinden, Raub, Erpressung, Zwang, politischen Drohungen und Terrorismus*“, *„Informationen zur Lage, der Sicherheit und den Schutzmaßnahmen*“[124] für Versicherungen im Bereich Raumfahrt, Luftverkehr, Bauwesen (Wir reden immer noch von multinationalen Agenturen, nicht vom Maurer, der das Bad neu macht), Drohnen, Erdgas und Erdöl. Es geht um *„Dienstleistungen für die Seefahrtindustrie*“ und dazu gehört auch die Pacht der „Phoenix“, die Migranten rettete und jetzt Kunden zur Verfügung steht, die Pacht von Schiffen für die *„NGO-Industrie*“ (sie nennen es wenigstens beim Namen), für die Erdgas- und Erdölindustrie und „andere“.[125] Diese „anderen“ sind vielleicht jene, für die man sich rühmt, *„als Marktführer im Bereich der Informationen, täglich mit strengst vertraulichen und nur unseren Klienten vorbehaltenen Informationen zu tun zu haben*“, aus diesem Grund

---

123· http://www.ospreybrokers.com/osprey-services/

124· http://www.tangiersgroup.com/#whatWedo

125· http://tangiersmaritime.com/

„entwickelt unsere Forschungsgruppe konstant effizientere Fahrstrecken für die Routen unserer Schiffe um die Welt“.[126]

Effizienter für was? Diskretion aus welchem Grund? Der Markt der Informationen?

Anzumerken ist noch, dass 2006 unser „Abenteurer“, als er noch für die USA in der Nähe von Reggio Calabria arbeitete, erst 25 Jahre alt war. Geboren ist er 1981, ein echtes Wunderkind.

Noch etwas Bemerkenswertes, die „Philanthropen und nicht nur“ haben heute den erstaunlichen Mut, dem Publikum alle Elemente dafür zu liefern, zu verstehen, mit wem man es zu tun hat. Von den Homepages ihrer Agenturen und/oder NGOs kommunizieren sie nämlich mit potentiellen Kunden und werben mit ihrer Fähigkeit und ihrem Können, ihren Eingängen und den Gewinnmöglichkeiten für die Kunden, wenn sie ihre Dienste in Anspruch nehmen. Sie müssen keine Hemmungen haben, sie wissen ja, dass alle Medien, die eine gewisse Bedeutung haben, unter ihrer Kontrolle stehen und nicht im Dreck wühlen. Und wenn doch etwas von selbst auftauchen würde – so etwas passiert manchmal, vielleicht aus Unklugheit der Unternehmer-Philanthropen oder aufgrund der Emsigkeit eines störrischen, idealistischen und anachronistischen Richters – beeilen sich die oben genannten Medien als gewissenhafte Lakaien, es wieder zuzudecken, wenn nötig, mit dem eigenen Körper.

Ein „Geschäftsmann“, der so beispielhaft für den Kapitalismus des Dritten Jahrtausend ist! Er pachtet unsichtbare

126- http://tangiersmaritime.com/about/

Schiffe für geheime Operationen und bietet den Söldnern amerikanischer Unternehmen – die auf Rechnung der USA die Afghanen und Iraker massakriert haben und nicht nur sie, und die heute noch in der Unterdrückung und der militärische Besetzung mit ihrer „Arbeit" weitermachen - Versicherungen und medizinischen Beistand an. Wir fragen uns, warum so ein Mann im Mittelmeer sein Mitleid entdeckt hat? Er will ja nur diejenigen retten, die riskieren, zu ertrinken. Einige von ihnen sind vermutlich aus Ländern geflüchtet, die von seinen Auftraggebern besetzt wurden.

Stellen wir diese Frage. Ihr werdet sehen, es ist nicht schwierig, die Antwort zu finden.

Die Auswanderung-Einwanderung ist ein weltweites Geschäft für den weltweiten Kapitalismus, ob Mafia oder legal. Es ist es auch für den Kapitalismus, der sich als Philanthropie verkleidet.

Die Migranten zahlen für ihre Reise an die lokale Mafia, dann werden sie Schlachtvieh für die Mafia der Ankunftsländer: Prostituierte, Organträger, Sklaven in der Landwirtschaft. Gleichzeitig tragen sie mit ihrer Schwarzarbeit oder in scheinbaren Kooperativen zum Profit der westlichen Unternehmen bei, wobei letztere nur eine neue, legalisierte Form der Sklaverei sind. Die sogenannten „Aufnahmezentren", manchmal schnell aus dem Boden gestampft, die größtenteils von Geschäftemachern jeder Art und verschiedenen NGO verwaltet werden, bekommen Geld vom Staat – ohne jegliche Kontrolle, wie und ob dieses Geld ausgegeben wird. Und da die Passage der Migranten hier und dort auf dem Meer beträchtlich Geld einbringt – warum soll man alles der Mafia überlassen? Zum Wohl der Migranten, die riskieren, unterzugehen, kann man sich doch einigen.[127] [128]

Auf zum Entern! MOAS, Sea Watch, SOS Mediterranée, Sea Eye, Ärzte ohne Grenzen und Save the Children (Können sie fehlen?), Proactiva Open Armas, Life Boat, Jugend Rettet, Boat Refugee… "L'anguria l'era grossa e giò 'sti fet."

Ein altes lombardisches Lied, übersetzt: Die Melone ist groß, teilen wir sie uns.

Im August 2016 zeigt die Zollbehörde von Montegiordano, Cosenza, 49 Personen an. Ein pakistanischer „Werber", einige vorbestrafte Kalabresen und 19 nicht registrierte Immigranten, die der örtlichen Landwirtschaft „neue Arbeitskräfte" besorgten. Die angeworbenen Immigranten waren in Ställen und Schweineställen untergebracht und wurden natürlich miserabel bezahlt.

Im September 2016 decken Zeitungen im Weinanbaugebiet Piemont *„dutzende von Fälle in Monferrato und anderswo"* auf: Ohne Gewissensbisse wurden Immigranten wie Sklaven auf den Weingütern gehalten. Die fingierten Kooperativen leisteten dabei aktive Unterstützung. Die Arbeiter schliefen im Freien oder in baufälligen Gebäuden, eingepfercht, ohne Wasser, ohne jede Art von sanitären Anlagen.

Im Oktober 2016 verhaftet die Polizei von Prato 16 Personen wegen „caporalato", der Anwerbung von Schwarzar-

127· http://www.lastampa.it/2017/08/03/italia/cronache/accordi-con-I-trafficanti-di-uomini-sequestrata-nave-dellong-tedesca 02549A8LajFwyjL51HfGBO/pagina.html

128· https://www.avvenire.it/attualita/pagine/collusione-coi-trafficanti-di-morte-frontex-attacca-le-ong-bufera

beitern für die Landwirtschaft. Die Arbeiter, Immigranten, wurden auf die reichen Güter des reichen Chianti gebracht, um dort zu schuften. Für die übliche miserable Bezahlung. Die Anklage lautete auf „Kriminelle Vereinigung zum Zweck der Anwerbung von Schwarzarbeitern" für die Organisatoren sowie für die Eigentümer des Unternehmens COLI, das Chianti, Brunello und Sassicaia – anscheinend gepanscht – ihrem reichen Kundenkreis im ganzen Westen verkauft.

Im Mai 2017 verhaften die Carabinieri von Cosenza 14 Personen, „Werber" und Leiter von „Aufnahmezentren", welche die Immigranten, die von ihnen „aufgenommen" worden waren, zehn Stunden am Tag für 15 Euro arbeiten ließen.

Im Juni 2017 führt die Polizei in mehreren italienischen Regionen eine Operation gegen das „caporalato" durch, in Caserta, Foggia, Latina, Potenza, Ragusa, Reggio Calabria. Sie findet Immigranten vor, die bis zu 13 Stunden durchgehend arbeiten, für 25 Euro am Tag. 26 landwirtschaftliche Unternehmen werden kontrolliert.

Im Juli 2017 berichtet ein Artikel des „Corriere" von hunderten nigerianischer Mädchen, vierzehn, fünfzehn Jahre alt oder auch jünger, die sich auf der via Domiziana, der Staatsstraße an der Küste von Kampanien, prostituieren. Die Kinder, entführt, systematisch und brutal von Gruppen ihrer Altersgenossen vergewaltigt, sind Opfer der nigerianischen Kriminalität, die hier und dort, jenseits des Meeres und auf allen Kontinenten aktiv ist, und Opfer der italienischen Kunden und der italienischen Autoritäten, die sich nichts drum scheren.

Im November 2017 schießt der Besitzer eines „Aufnahmezentrums“ im Umkreis von Caserta einem jungen Mann aus Gambia, 18 Jahre alt, wiederholt ins Gesicht. Der junge Mann hatte in seinem „Zimmer“ die Matratze angezündet – sein „Zimmer“ war eine Latrine, in die nachts eine Matratze gelegt wurde.

Im November 2017 protestieren Immigranten in Cona, im Veneto. Sie sind zu tausenden in einer Ex-Militärbasis untergebracht, ohne Heizung und ohne warmes Wasser. In diesem Zentrum war im Januar zuvor eine junge Frau, die über ihr Unwohlsein klagte und nicht behandelt wurde, gestorben.

Im November 2017 im Gebiet von Volterra werden vier Immigranten vonm ärztlichen Notdienst wegen Kohlenmonoxid-Vergiftung behandelt: Sie hatten eine Kohlenpfanne angezündet, um sich in dem Zimmer, in dem sie „aufgenommen“ worden waren, aufzuwärmen. Wo? In einer Ruine? In einem Speicher? In einem verlassenen Stall? Nein, in einem Aufnahmezentrum unter der Verwaltung des Roten Kreuzes, „*kürzlich umgebaut, um Migranten, die Asyl beantragt haben, aufzunehmen*“.

Die Melone war groß und das Rote Kreuz ist eine NGO. Das heißt, ein Privatunternehmen, das erklärt, keine Gewinnabsichten zu haben, sondern philanthropisch handelt. Deswegen bekommt es Subventionen und Steuervergünstigungen.

Im Januar 2018 bricht auf einem Biwak, wo mehr als 2000 Immigranten leben, ein Feuer aus. Eine Frau stirbt, zwei erleiden schwere Verbrennungen. Das Biwak bestand aus Baracken aus Plastik und Pappe. Die Immigranten arbeiteten als Landarbeiter für die Orangen- und Zitronenernte, tageweise bezahlt.

Wo waren die NGOs des Mitleids auf dem Meer bei der Aufnahme? Welche NGOs kämpfen gegen die Schwarzarbeit, die Sklaverei, die Kinderprostitution und die Mafia?

Es stimmt, dass im Kampf gegen die Schwarzarbeit die Gewerkschaften an erster Stelle sein müssten. Und es stimmt auch, dass es keine NGO geben müsste, wenn es noch klassenbewusste Gewerkschaften im Westen geben würde.

Vielleicht wären die Kinder aus Nigeria lieber im Meer ertrunken. Vielleicht hätten auch die Immigranten, die aus Verzweiflung Selbstmord begehen, ohne dass es jemand beachtet, dies bevorzugt. Die NGOs haben sie hergebracht und die Mafia hat sie in Empfang genommen. Was man gesehen hat, hat man gesehen. Sobald sie ihren Fuß auf die Erde setzen, ist die Aufgabe der Philanthropen erledigt. Es gibt keine NGO, die laut gegen das „caporalato" protestieren, gegen die Kinderprostitution – warum auch, Soros möchte sie ja legalisieren, also… oder gegen den Organhandel, über den geschwiegen wird und den gerade die NGOs minimalisieren und verleugnen.

Von dem, was von den NGOs und anderen Schöngeistern zu Gunsten der Immigration laufend heruntergebetet wird, ist nur eines sicher: Die Immigration macht uns reich. Vielleicht macht sie nicht die Landarbeiter in Apulien reich, aber sicherlich haben sich etliche italienische „Unternehmen" bereichert und tun es immer noch - landwirtschaftliche Unternehmen, die zu den guten alten Zeiten des Großgrundbesitzes im Römischen Reich zurückkehren, und Unternehmen, die man als „Kriminelle Vereinigungen" bezeichnet und die in unserem Land so verbreitet sind. Das gesamte BSP wächst, alles eitel Sonnenschein.

Am Anfang war das Wort, am Ende das Internet. Oder: ein Netz, um Ablehnung und Protest in eine Falle zu locken

„ARPANet, Abkürzung für "Advanced Research Projects Agency Network"... 1969 von der DARPA (Defence Advanced Research Projects Agency) ins Leben gerufen, um Rechenzentren und Terminals der Universitäten, Forschungslabors und Militärabteilungen miteinander zu verbinden... ARPA-Net stellt das stabile Gerüst des sich entwickelnden globalen Internet-Netzwerks dar.[129]

Global" ist das Schlüsselwort. Der globale Kapitalismus verteilt die Industrieproduktion auf die von ihm unterworfenen Länder. Der Zweck ist die Ausbeutung versklavter Arbeitskräfte. Dazu braucht er ein überaus schnelles, vollständiges und effizientes, internationales Kommunikationssystem. Ein System, das sich mit ihm zusammen entwickelt, das sich verbreitet, Dienstleistungen anbietet und dadurch viele Millionen von Arbeitern ersetzt hat. Es hat - einfach und wirtschaftlich - die Entwicklung und die Wirkungsweise der Multinationalen erst ermöglicht. Ein System, das noch mehr kann und auch dabei ist, es zu

129- http://www.treccani.it/enciclopedia/arpanet/

tun: Es kann die Umwandlung des menschlichen Wesens in einen kaufsüchtigen und verantwortungslosen Verbraucher vollenden, die Vernichtung der Kommunikation unter den Menschen und somit die menschliche Fähigkeit, sich zusammenzuschließen und zu organisieren, perfektionieren und so auch die Auflösung der Beziehungen zwischen den Bürgern und den Institutionen. Alles wird von einer nebulösen und für normal Sterbliche unkontrollierbaren Welt ersetzt.

Aber nebulöser als alles andere sind die NGOs des Internet-Dissenses.

Nehmen wir uns willkürlich eine heraus, die AVAAZ. Wir beschäftigen uns nicht mit „Change.org", wenn nicht sehr kurz, denn es handelt sich nicht um eine NGO. Sie kann sich nicht maskieren, da sie mit den E-Mail-Adressen derer, die ihre Petitionen unterschreiben, offen Handel betreibt.

„Die Preisliste geht von 1,50 Euro für jede Mail, wenn der Kunde weniger als 10.000 kauft, bis zu 85 Cent bei einer Anzahl über 500.000."[130]

So ist es. Natürlich verkauft sie nicht nur unsere Mail. Über die Unterschriften auf den Petitionen besitzt sie schöne, nützliche Informationen zum Verkauf. Da sie ein Unternehmen ist, zögert sie auch nicht, es zu tun: Die Mails werden ganz offen verkauft, der Rest ist aber, um es nochmal zu sagen, nebulös.

Also kehren wir zur AVAAZ zurück.

„AVAAZ ist eine weltweite Bewegung im Netzwerk, um über-

130- http://espresso.repubblica.it/attualita/2016/07/15/news/da-un-euro-e-cinquanta-a-85-centesimi-come-change-org-vende-le-nostre-email-1.277479

all die Politik, die von den Leuten unterstützt wird, in Entscheidungen und Fakten zu verwandeln."

Toll, es gelingt ihnen die Quadratur des Kreises. Wie? Die Politik, die von den Leuten gewollt wird? Welche? Es gibt Leute, die eine bestimmte Politik wollen, und andere, die genau die gegensätzliche möchten. Es heißt, deswegen gebe es Wahlen - um die Stimmen zu zählen und dann zu sehen, welche Politik gewonnen hat. Also? Petitionen im Internet zählen! So verändern wir die Welt: Wir sitzen vor dem Monitor und hören unbekannte Stimmen von weit weg, die uns sagen: Unterschreib das, unterschreib!

Funktioniert das? Und wie! Nach ihren eigenen Angaben haben sie alle Schachten der letzten Jahre gewonnen. Auch die, die verloren wurden.[131]

Sie sind die Schöpfer der Pariser Klimaabkommen, von denen die Wissenschaftler der ICCP (International Climate Change Panel) sagten, es sei heiße Luft: Schöne Worte, nichts dahinter.[132] „*Eine grün angestrichene Hilfe für das neue Geschäft*", so schrieb Paolo Cacciari in einem Artikel über die Vereinbarungen COP 21. Aber für AVVAZ ist es „*der Anfang vom Ende der fossilen Treibstoffe*".

Sie haben die Schlacht gegen Glyphosphat gewonnen (?), gegen die Korruption in Brasilien (?), haben die Bienen vor den Pestiziden gerettet (?) und die Regenwälder von Brasilien bis Borneo (?).

131- https://secure.avaaz.org/page/en/highlights/

132- https://www.ilfattoquotidiano.it/2015/12/18/cop21-per-esperti-intesa-non-funzionera-obiettivi-timidi-accordo-non-vincolante-nessuna-sanzione-per-chi-non-lo-rispetta/2307496/

Man glaubt, Baron Münchhausen zu hören, wie er auf der Kanonenkugel reitet.

Reden wir jetzt über ernsthafte Dinge. AVAAZ sagt nichts Ernsthaftes über sich selbst. AVAAZ wurde 2007 von Res Publica gegründet, einer NGO, die weltweit politischen Druck ausübt (civic advocacy), und von MoveOn, einer anderen NGO, die von George Soros finanziert wird, von einem Paar reicher amerikanischer Unternehmer des Digitalen gegründet wurde und von seinen Fans als *„eine der einflussreichsten Interessensgruppen des Landes“* bezeichnet wird. Letztere rühmt sich sogar, *„eine herausragende Rolle am Ende des Krieges im Irak“* gehabt zu haben.

Wusstet ihr das schon? Oder ist es euch entfallen? Oder glaubt ihr so wie ich, der Krieg im Irak ging zu Ende, falls er beendet ist, weil die amerikanische Armee mit Hilfe des gesamten Westens und hunderttausender Söldner ihn gewonnen hat und das Land mehr oder weniger dauerhaft besetzt hält? Oder ist vielleicht MoveOn auf seine Art ein Teil dieser Armee?

Was diese NGO der Opposition über sich sagen, ist immer sehr vage und apologetisch. Also machen wir uns auf, den Stammbaum ihrer Direktoren aufzuzeichnen, vielleicht entdecken wir, was das für Leute sind.

Was MoveOn angeht, die „politische Analysen mit strategischen Analysen verbindet“, die ihren Beschäftigten „ein konkurrenzfähiges Gehalt“ anbietet, „die völlige Deckung von Arzt- und Zahnarztkosten für die Beschäftigten und deren Kinder, zudem eine teilweise Deckung für die Ehepartner“, „vier Wochen Urlaub im Jahr“, dazu verschieden Ruhezeiten zur „Pflege des eigenen Wohlbefindens“, das ihnen sehr am Herzen liegt[133] - über ihre finanziellen Quellen, die so viel Großzügigkeit erlauben, sagt sie uns aber nichts. Und auch nichts über ihr Management.

Das finden wir trotzdem heraus.

Der Geschäftsführer heißt Ilya Sheyman, „er kam als jüdischer Flüchtling 1991 aus der Sowjetunion mit seiner Familie in die USA“. Dort wurde er mit nur 25 Jahren Kandidat der Demokraten für Illinois.

Die andere Geschäftsführerin ist Anne Galland, die zuerst für „Wellstone Action org.“ und dann in der Wahlkampagne für Obama gearbeitet hat.

Man entdeckt also, dass zahllose NGOs nur das Ziel haben, die Politik zu beeinflussen, die Information zu konditionieren und am runden Tisch Initiativen zu organisieren. Aber wer sitzt mit ihnen zusammen noch an diesem „Tisch“?

Weiter mit dem Stammbaum, gehen wir jetzt zu Res Publica über, der andere Elternteil von AVAAZ. Eine ernsthafte Angelegenheit, denn diese Leute bleiben im Hintergrund oder im Souffleurkasten: Sie sind die Regisseure oder zumindest Hilfsregisseure des Spektakels „Petitionen und Internet-Initiativen“.

Werfen wir einen Blick, wer Res Publica UK leitet. Man widmet sich der Erstellung wirtschaftlicher und politischer Programme für Großbritannien, wie eine Schattenregierung, die sich nicht auf on-line Petitionen beschränken kann. Hier haben wir es bei den Direktoren mit einem anderen Kaliber zu

133- https://front.moveon.org/careers/#.WoBfaq7ibIU

tun. Ihre Lebensläufe sind reich und üppig, alles wird klarer. „Unsere Leute", so nennt sie Res Publica.

Ihr Direktor ist Phillip Blond, „*international als politischer, gesellschaftlicher und ökonomischer Denker anerkannt… bietet Regierungen, Unternehmen und Organisationen weltweit strategische Beratung und politische Ausbildung an… er vertritt die Sache einer neuen Wirtschaft und Gesellschaft, die auf freien Vereinigungen und Gruppen aufbaut, auf neuen Formen der Kapitalisierung und des Marktes.*"[134]

Hier haben wir schon etwas verstanden.

Der erste Konsulent ist Will Hutton, er war Rektor des Hertford College in Oxford bis 2011, Chefredakteur des „Observer", für den er immer noch schreibt, ebenso wie für die „Financial Times" und „*begann seine Karriere in der City als Börsenagent und Investmentanalytiker*", zudem „*hat er viele Jahre für die Regierung gearbeitet*". Heute ist er auch einer der Manager des „Big Innovation Centre", das „*bei geschäftlichen Angelegenheiten Hilfe leistet, öffentliche Einrichtungen und Universitäten unterstützt… als offener Treffpunkt agierend, sammelt das Big Innovation Centre ein Netzwerk von wichtigen internationalen Agenturen aus jedem Bereich um sich*".

Na also. Mister Will Hutton, Berater der philanthropischen Res Publica in Großbritannien, leitet auch das Big Innovation Centre, das Regierungen (den öffentlichen Sektor), Multinationale und Universitäten zusammenbringt – zu Gunsten von wem?[135]

134· http://www.respublica.org.uk/our-people/the-team/phillip-blond/

135· http://www.biginnovationcentre.com/about-us

Nützen die Multinationalen den Regierungen und den Universitäten? Kann schon sein - wenn die Regierungen und die Universitäten sich entschließen, den Multinationalen zu nützen.

Zu den Partnern des Big Innovation Centre gehören die allgegenwärtigen GlaxoSmithKline und Unilever, die immer mehr mit Regierungen und Universitäten verbunden sind - wie ein Darm mit dem heruntergewürgten Essen.[136]

Ebenfalls bei Res Publica UK finden wir Andy Brooks, Ökonom, ein überall zu findender Banker – von der Bank of England zu der von Neuseeland, plus der CBI mit telekommunikativen Finanzdienstleistungen für Unternehmen. Zudem ist er für fünf Jahre Vorstandsvorsitzender der Londoner Diözese – mit Finanzen und einem Eigentum von über 400 Kirchen.

Dann haben wir noch zwei Frauen, ausgezeichnet als „Dame Commander" des „Order of the British Empire". (Habt ihr nicht mehr gewusst, dass es noch das Empire gibt?) Dann noch einen Präsidenten der Staff der Premierministerin Theresa May, George Freeman; einen Bischof, John Inge, und so weiter, Freiwillige und Philanthropen, die ihre Finger in dutzenden von Institutionen, Organisationen und Unternehmen des globalen Kapitalismus haben.

Besonders interessant ist die Tatsache, dass sie alle Politik machen, aber es nicht interessant ist, für wen: Labouranhänger und Konservative - alle arbeiten zum Wohle der Menschheit.[137] [138]

136- http://www.biginnovationcentre.com/partners

137- http://www.respublica.org.uk/our-people/advisory-board/

138- http://www.respublica.org.uk/our-people/trustees/

Was Res Publica International angeht, 2006 – es ist uns nicht gelungen, aktuellere Informationen zu bekommen – war ihr Direktor ebenfalls ein Engländer, Anthony Barnett, auch ein Gründer der „Open Democrazy" und Ehrendoktor der „Open University". „Open Democrazy" ist, wie der Name schon andeutet, eine weitere Soros-Geburt, die von dutzenden amerikanischen, kapitalistisch-philanthropischen Stiftungen finanziert wird, und nicht nur von ihnen.[139]

„*... die bedeutenden Anstrengungen der Stiftung und des Open Society Institute von George Soros, dessen Beitrag zur Verteidigung der Zivilisation des Kontinents unvergleichbar ist, und sein Institut und seine Stiftungen unterstützen die Arbeit von Open Democracy...*", schreibt unser Anthony auf der Homepage von Open Democracy UK.[140] Wie ihr sehen könnt, wir bleiben immer im selben Verein. So können wir auch besser verstehen, um welche Zivilisation es sich handelt, die sie verteidigen. Und zu den Mitgliedern des Vereins: Res Publica International hatte unter seinen Managern die frühere britische Staatssekretärin für Internationale Entwicklung, Clare Short; eine Baronin und britische Europaparlamentärin, Glenis Kinnock; einer der Gründerinnen von MoveOn, Eli Pariser; den Ex-Wirtschaftsberater des britischen Premierministers, Andrew Graham, und den Ex-Chef der Staff von Bill Clinton, John Podestà. Dazu kommen noch ein paar afrikanische und asiatische Hampelmänner – nur um den Internationalismus einer globalen NGO zu demonstrieren.

139- https://www.opendemocracy.net/about/supporters

140- https://www.opendemocracy.net/uk/anthony-barnett/european-project-is-ours-roll-up-your-sleeves-for-remain

Das ist der Schoß, aus dem AVAAZ geboren wurde.

Unter seinen Gründern haben wir Ricken Patel, Tom Pravda und Tom Perriello.[141] Die Leitung besteht aus Ricken Patel, Ian Bassin und Sam Barratt. Der Sitz ist in New York, Union Square. Ebenfalls am Union Square und unter der gleichen Hausnummer finden wir auch die Res Publica USA. Der Chef ist auch derselbe: Ricken Patel. [142] [143] [144]

Die Wohltäter der Menschheit arbeiten auch nachts. Wer weiß, warum wir als normale Menschen den Eindruck haben, je mehr sie tun, desto mehr richten sie zugrunde.

Unser Ricken bleibt eine nebulöse Erscheinung, außer man schenkt den überschwänglichen Lobeshymnen Glauben, die ihm die europäischen und amerikanischen Zeitungen zukommen lassen. Auch das Weltwirtschaftsforum in Davos gab ihm etwas: 2009 bekam er den Titel „Young Global Leader“.

Aua, aua, aua! Der Zahn tut weh.

Aber machen wir weiter. Er ist britischer Staatsangehöriger, in Kanada geboren, die Mutter russischer, der Vater indischer Herkunft. So heißt es. Er hat in Oxford studiert – welche Überraschung! – am Balliol College und in Harvard – wer hätte das gedacht! Und was studierte er? Politik und Ökonomie. Er fand dann sofort Arbeit, sogar viele, eine nach der anderen, in Sierra Leone, Liberia, Sudan und Afghanistan. In

141· https://secure.avaaz.org/page/en/pressfaq/

142· https://www.carnegiecouncil.org/people/ricken-patel

143· https://www.yelp.com/biz/avaaz-foundation-new-york

144· https://www.firstgiving.com/4492

diesen Ländern arbeitete Mister Patel für die „International Crisis Group“, eine NGO – nicht zu glauben! – die Kriege verhindern will, daher auf dem Feld „analysiert“ und dann mit Staatsoberhäuptern, Medien, usw. zusammenarbeitet. Aber er arbeitete auch für die UN, die Rockefeller Stiftung, die Gates Stiftung, die Universität von Harvard und die NGO „CARE International“.[145]

Nur zur Information, der Chef der „International Crisis Group“ ist Robert Malley - jemand, der sich mit Kriegen auskennt, auch wenn er nie einen vereiteln konnte. Er war Sonderassistent – was immer das heißen mag, gab er ihm Anweisungen? – von Präsident Obama und hatte auch schon für die Clinton-Administration gearbeitet. Die Präsidenten gehen, aber gewisse Leute bleiben. Seine Vergangenheit: Er studierte in Harvard und in Oxford, am Baliol College.[146] Was für ein Zufall, am gleichen, aus dem Ricken Patel „herauskam“, wie das weiße Kaninchen aus dem schwarzen Zylinder.

Jetzt wisst ihr, wohin ihr eure Kinder zum Studieren schickt, wenn ihr wollt, dass sie Erfolg haben. Mit ein wenig Phantasie wisst ihr jetzt auch, wer Ricken Patel ist. Wenn es euch aber noch nicht genügt, kann ich hinzufügen, dass Ricken – wir kennen ihn jetzt und können ihn beim Vornamen nennen – auch für das „International Centre for Transitional Justice“ gearbeitet hat: Es handelt sich hierbei um eine NGO mit großen Kalibern, die sich für die „Internationale Gerechtigkeit“ einsetzt, das heißt, für die der Sieger, die die Besiegten

145- http://www.discoverthenetworks.org/individualProfile.asp?indid=2498

146- https://www.crisisgroup.org/who-we-are/people/robert-malley-0

verfolgen. Die Staaten - und von daher die Völker - werden dabei jeder Kontrolle über Gesetz und Justiz beraubt.[147] [148]

Der Schatten, als der sich der Direktor von AVAAZ zeigt, beginnt, allmählich Konturen anzunehmen. Vielleicht finden wir unter seinen Gründern eine noch klarere Figur: Mister Tom Pravda, Leiter der Operativen Einheit der britischen Regierung gegen den IS, Abteilungsleiter für den Irak des britischen Außenministeriums.[149] Oh, oh, die Leute von der AVAAZ sind Superhelden, keine Freiwilligen!

„Ihr" Tom hat im Balliol College in Oxford studiert, so wie „ihr" Ricken. Waren sie Klassenkameraden? Kann sein, vielleicht hatten sie die gute Idee zwischen einer Partie Cricket und einem Ruderwettbewerb. Oder werden einem so gute Ideen im Unterricht in Oxford beigebracht, im Kurs für Politische Wissenschaften im Balliol College?

Tom Pravda war auch Berater für zahlreiche Kunden, einschließlich des State Department der USA, des „International Centre for Transitional Justice" und für das Entwicklungsprogramms der UN, zudem arbeitet er mit „Oxford Analytica" zusammen: Es dreht sich immer um die gleiche Stadt, sehr praktisch; alle sind Nachbar und können ihre Ideen austauschen.[150]

Was ist „Oxford Analytica"? Sie stellt sich als eine Agentur vor, die Privatkunden – also Multinationalen – und Regierungen strategische Beratung anbietet, zum Beispiel wie man *„auf*

147· https://namati.org/people/ricken-patel/

148· https://www.ictj.org/about

149· https://publications.parliament.uk/pa/ld201617/ldselect/ldintrel/159/15915.htm

150· https://www.sourcewatch.org/index.php/Talk:Tom_Pravda

die weltweiten, wirtschaftlichen Vorgänge, die Angebot und Nachfrage des Marktes bestimmen, eingeht“, wie man *„politische Ziele erreicht*“ oder *„die Reputation der Multinationalen bewahrt*“. [151] [152] Diesen Dienst bietet „Oxford Analytica" wirklich allen an, zumindest im Westen, in der Wiege der Zivilisation, dessen Sklavin sie ist, also den Unternehmen im Bereich Raumfahrt und militärische Luftfahrt, Energie, Finanzen, Lebensmittelindustrie und Produktion, Minen, „Rechtsberatung“ – Anwaltsagenturen im Dienst der Großunternehmen, Regierungen – insbesondere den Ministerien für Verteidigung und des Äußeren, Präsidenten, Regierungsoberhäuptern, Zentralbanken und Geheimdiensten.

National und regierungsübergreifend.

„Unsere globalen Kapazitäten, die Unabhängigkeit und die Integrität in der Analyse machen uns zu wertvollen und vertrauenswürdigen Konsulenten für Regierungen, internationale Organisationen und multinationale Gruppen weltweit. Unsere Privatkunden umfassen Investmentbanken, Versicherungsgesellschaften … multinationale Gruppen… Unsere Kunden aus dem staatlichen Bereich umfassen große und kleine Regierungen, Staatsoberhäupter und Regierungschefs, Minister, Zentralbanken… auf regierungsübergreifender Ebene sind einige der größten regierungsähnlichen Agenturen unsere Kunden.“ [153] *„Unsere Experten äußern sich regelmäßig mündlich und schriftlich für Fernsehen und Presse über wirtschaftliche, politische und soziale Probleme.*“[154]

151- http://www.oxan.com/services/advisory/

152- http://www.oxan.com/services/advisory/corporate-social-responsibility/

153- http://www.oxan.com/about/our-clients/

154- http://www.oxan.com/about/media/

Ein Amtsinhaber der britischen Regierung für internationale Angelegenheiten, besonders den Mittleren Osten betreffend, zudem Mitarbeiter des State Department der USA und der „Oxford Analytica“, einer Agentur, die darauf abzielt, das Dominium der Multinationalen Gesellschaften und der westlichen Regierungen oder der Verbündeten des Westens zu erhalten, gehört zu den Gründern von AVAAZ, einer NGO, die sich rühmt, die „Stimme“ des Volkes zu sein. Und der Einflüsterer von wem?

Über den Amerikaner der Gruppe, Tom Perriello, kann man sagen, dass er in den USA die Demokraten vertritt und für den Bundesstaat Virgina in das Parlament gewählt wurde. Auch er beschäftigt sich mit der „internationalen Gerechtigkeit“ und war deshalb Sonderberater des Staatsanwalts des Sondergerichtshofs von Sierra Leone – die normalen Gerichtshöfe sind nunmehr weitgehend davon entbunden, über die eigenen Politiker und Militärs im Kriegsfall zu urteilen – der *„den liberianischen Diktator Charles Taylor zwang, abzudanken“*. Dann arbeitete er in Kriegsgebieten auf der ganzen Welt: Balkan, Darfur, Afghanistan - vielleicht in Gesellschaft von Ricken Patel? – überall da, wo es galt, die wirtschaftlichen und politischen Interessen der westlichen Lobbys zu schützen. Er war Mitarbeiter des State Department der USA und der Obama-Administration, für die er als Sonderbeauftragter (!) in Afrika im Gebiet der Großen Seen gearbeitet hat. Er unterrichtet Internationales Recht an der Universität von Virginia und ... von Sierra Leone.[155]

155· https://ourrevolution.com/candidates/tom-perriello/

Während seiner Amtszeit als Senator von Virgina stimmte er für alle Erhöhungen der Militärausgaben und für alle Kriege.[156] Seine „Chronisten" behaupten jedoch, er setzt sich für den Frieden ein. Wie die AVAAZ.

Man muss nicht noch weitere examinieren. Alle haben das gleiche Ziel: die Politik und die öffentliche Meinung zu beeinflussen. Purpose, MoveOn und We Move Europe, so wie die Agentur ChangeOrg, sind mächtige Organisationen, funktionsfähig und durchstrukturiert, wenn auch neu und „unfassbar". Sie haben Geld, man weiß aber nicht, wie viel und woher es kommt. Sie machen Petitionen jeder Art oder fast jeder Art, einige akzeptieren sie nicht.

Ihre Direktoren sind oft jung, alle ihre Lebensläufe weisen sie als frühzeitige und vielversprechende Profis der Politik aus, so wie sie über die NGOs und Vereinigungen desselben Typus gemacht wird. Es ist die Politik der „Techniker", die sie auf Tagungen und in Büros studieren, und für die sie nur ihren Arbeitgebern Rechenschaft schuldig sind. Und wir wissen nicht, wer sie sind.

Funktionäre der Globalisierung und Techniker des Anscheins - sie stehen in enger Beziehung zu den regierungsübergreifenden Institutionen und was ihnen ähnlich ist.

Über das Internet wollen sie die Wahrnehmung grundlegender, politischen Aktivität verformen und eine völlig illusorische Teilnahme erwirken, die eine wirkliche Teilnahme und die Kämpfe der Völker des Westens vollkommen erstickt.

156- http://davidswanson.org/on-voting-for-bad-democrats-the-perriello-predicament/

Aber zurück. „We Move Europe“ entstammt der Plattform der Kampagne “Avanti Europe”. Zu den Gründern von “Avanti Europe” gehört Andre Wilkens, Funktionär der UN und Chef des “Open Society Institute“ in Brüssel – da sind wir wieder. 2003 bis 2009 koordinierte er die Aktivitäten von Soros in Europa.[157] [158]

Ich denke, das reicht.

Die Verwirklichung des Projekts einer Weltregierung, wie sie von regierungsübergreifenden Institutionen unterstützt wird, ist für das Überleben der großen multinationalen Unternehmen fundamental. Sie sind der Ausdruck des Kapitalismus und Imperialismus von heute.

Die NGOs sind Agenten dieses Projektes. Die NGOs des Dissenses sind ein Kanal, in den das Wasser der Unzufriedenheit, der Rebellion und zur Mobilisierung der Bevölkerung fließt. Es wird auf diese Weise nicht über die Ränder treten, um möglicherweise der Macht und den Interessen der Mächtigen Schaden zuzufügen. Außerdem gewöhnt sich so das Internet-Volk daran, sich sitzend zu engagieren, Impulse vom „Netz“ zu erwarten und zu empfangen, um zu handeln und zu protestieren. Diese Impulse, obwohl sie anscheinend so verschieden und unterschiedlich sind, sind genauestens dosiert und abgewogen. Man kann gegen die Erderwärmung ohne weiteres eine Petition unterschreiben, sogar eine heitere und bunte Kundgebung durchführen. Die Zeit dafür findet sich. Man darf allerdings nicht die Produkte der Multina-

157· https://www.wemove.eu/content/about-us

158· http://en.theeuropean.eu/andre-wilkens--4

tionalen oder der israelischen Industrie boykottieren. Man könnte vielleicht eine philanthropische Petition zur „Aufnahme der Flüchtlinge“ organisieren, aber eine Mobilisierung gegen die Schwarzarbeit und gegen die Mafia, vielleicht sogar europaweit, nicht. Die NGOs des Dissenses singen uns ein Schlaflied.

Vereint gegen den Markt

Der Kapitalismus ohne Regeln, Bremsen und Vermittlungen, jener der letzten Jahrzehnte, den man Neoliberalismus nennt, ist ein reiner Raubtierkapitalismus. Metaphorisch gesagt, hat er die Armeen durch Söldnerheere ersetzt. Das ist aber nicht nur metaphorisch.

Die Macht der Nationalstaaten wird Tag für Tag ausgehöhlt und auf regierungsübergreifende Organismen übertragen, auf die die Völker keinerlei Kontrolle haben. Es ist eine Machtkonzentrierung im Gange, die in der Geschichte der Menschheit einzigartig ist.

Der „moderne" Kapitalist hat keine Berufung, außer derjenigen, Geld zu machen. Er ist kein Industrieller, kein Warenproduzent, er ist nicht an irgendeine Art von Material, Instrument, Wissen, Technik oder Markt gebunden. Er ist ein Nomade, der die Territorien ausspäht und sucht, wo es am gewinnbringendsten ist, zu investieren. Er ist ein Abenteurer, ein Spekulant, der aus dem Nichts Märkte schafft, indem er sich induzierter Moden und Bedürfnisse bedient, aber auch durch die Schaffung eines neuen Bedürfnisses, indem die lokale Wirtschaft zerstört wird. Und man darf nicht vergessen, dass der hemmungslose Wettbewerb, ohne Regeln, ohne Schlichtung, der neoliberalistischen Epoche auch die skrupellosesten, ambitioniertesten und aggressivsten Individuen an die Spitze der Wirtschaft gebracht hat. Jene, die der Mentalität des organisierten Verbrechens am geneigtesten sind.

Die Investitionen verschieben sich von einem Bereich zum anderen, von einer Zone der Welt in die andere, Monat für Monat, Tag für Tag. Die Arzneimittel werden an der Börse gehandelt, es ist ein hervorragender Markt, vorausgesetzt, es gibt nicht mehr gesunde oder für gesund gehaltene Menschen. Land und Wiesen, Wasser und Wald, Untergrund und Ozeane, Landschaften und Küsten, menschliche Wesen und ihre Gefühle sind Waren. Es geht nur darum, zu verstehen, wie man sie verkauft, wie man „einen Markt schafft". Dies ist heute die Arbeit des Kapitalisten und seiner Trabanten. Zu diesen Trabanten gehört auch ein guter Teil der NGOs: Sie haben die Aufgabe, auf verschiedene Art und Weise das Terrain für den „Markt" vorzubereiten. Die „Menschenrechte" können dazu benutzt werden, um Regierungen, die keinen Gefallen finden, zu stürzen, zu erpressen oder zu bedrohen. Der Alarm wegen nicht existierender Epidemien dient dazu, renitente Regierungen zu zwingen, millionenfach Arzneien zu kaufen. Die Lebensmittelhilfe dient dazu, den westlichen Überfluss zu beseitigen und die lokalen Märkte zu zerstören.

Dann gibt es noch die Hilfe in Katastrophenfällen, die oft dazu ausgenutzt wird, eine regelrechte Besatzung des Landes zu rechtfertigen und eine Verzerrung ihrer Politik, Wirtschaft und der menschlichen Gesellschaft selbst. Ein fulminantes Beispiel dieser Katastrophenpolitik ist das Erdbeben in Haiti, das die Invasion des Landes durch mehr als 10.000s NGOs provozierte. Ihre Anwesenheit hat wie immer neue Märkte geschaffen, angefangen von jenem der Prostitution, auch der Prostitution Minderjähriger. Aber sie hat noch mehr gemacht: Sie hat die Landwirtschaft Haitis zerstört, indem sie in den

Städten kostenlos Essen und Geld verteilte, und so die Landbewohner dazu brachte, in die Städte zu fluten und die Felder zu verlassen, denn niemand kaufte mehr ihre Produkte. So wurden neue Bidonvilles geschaffen.[159]

Die NGOs hätten das Essen bei den Bauern in Haiti kaufen können, um es dann in den Städten zu verteilen, aber sie haben es nicht gemacht. Sie machen es nie.

Acht Jahre nach dem Erdbeben sind die NGOs immer noch da. Die „Freiwilligen" bekommen immer noch ihr Gehalt, die Haitianer sind immer noch bettelarm, ärmer als zuvor und mehr als zuvor von „Hilfe" abhängig. Aber dank des Erdbebens, der Aufgabe der Felder und der Arbeit der NGOs „läuft der Versuch, sich wieder zu erholen, über die Umwandlung in ein touristisches Ziel", „…Haiti in das privilegierte Ziel in der Karibik zu verwandeln".[160]

So werden die Schulen der NGOs für die haitianischen Kinder nützlich sein, die ein gutes Englisch gelernt haben und Computer benutzen können. Sie werden an der Rezeption stehen oder an den Tischen der Luxusferiendörfer bedienen, die Haiti „weiterentwickeln".

Dies wird der Markt sein, der mit Hilfe der NGOs in Haiti geschaffen wird. Sie lassen viele Märkte funktionieren, denn „für Haiti wurde eine Milliarde Dollar ausgegeben… einige NGOs haben SUVs für 40.000, 50.000 Dollar gekauft."[161]

159· http://www.nigrizia.it/notizia/deriva-haiti

160· http://www.lastampa.it/2016/01/11/esteri/speciali/l-altra-haiti/laltra-haiti-1suv9JFYIhhQIJVU1OmzwO/pagina.html

161· http://www.affaritaliani.it/sociale/donazioni_haiti150211.html

Jetzt ist vielleicht Papua-Neuguinea an der Reihe. Auch dort war ein Erdbeben der Vorwand, um alarmiert nach dem Roten Kreuz und UNICEF zu schreien.

86% der Einwohner dieses Landes leben von der Landwirtschaft, aber das Rote Kreuz sagt, das Erdbeben *„hat die Felder verwüstet und die Flüsse verschmutzt"*. Aus diesen lächerlichen Lügen können wir ableiten, dass man sich darauf vorbereitet, Industriefraß und Wasser in Plastikflaschen zu verteilen. Die Einwohner von Papua-Neuguinea hält man für Wilde und vielleicht müssen die NGOs dazu beitragen, sie zu bändigen. Exxon Mobil hat ja schon begonnen, Erdgas und Erdöl zu fördern und will noch mehr fördern. Also sind Straßen, Häfen, Flughäfen und Arbeitskräfte nötig, die es jetzt nicht gibt. Aber die Entwicklungshilfe wird all dies verwirklichen und die großen NGOs tragen dazu bei.

Können wir nichts tun, sollen wir nichts tun? Gibt es keine Möglichkeit, der Bevölkerung zu helfen, die es wirklich braucht?

Als ich ein junges Mädchen war, tobte der Vietnamkrieg. Auf der ganzen Welt, Europa und die USA eingeschlossen, kämpften wir gegen den dreckigen Krieg. Wir informierten die Leute mit Flugblättern und Plakaten, protestierten gegen Zeitungen und Fernsehsender, die schwiegen oder logen, und gingen auf die Straße: Große und kleine Kundgebungen, von zwanzig Personen bis zu hunderttausenden von Menschen, vereinte Hippies und Kommunisten, Schwestern und Anarchisten, Alt und Jung. In der ganzen Welt geschah es, dass junge Leute die Kämpfer und Partisanen in Vietnam fragten:

Können wir euch auf eine andere Weise helfen, braucht ihr Freiwillige? Die Antwort war klar und deutlich: Kämpft in eurem eigenen Land gegen den US-Imperialismus, wenn ihr uns allein lassen wollt. Schafft zwei, drei, schafft viele Vietnam – und dann werden wir gewinnen.

„Schafft zwei, drei, schafft viele Vietnam!" waren von diesem Augenblick an unser Schlachtruf und unser Slogan auf allen Demonstrationen.

Wie damals kämpfen auch heute Millionen von Menschen auf der Welt gegen den globalen Kapitalismus. Es gibt sogar NGOs, die mit ihnen kämpfen und an ihrer Seite das System angreifen. Diese NGOs werden niemals im Fernsehen interviewt, von ihnen sprechen nicht die Zeitungen und sie werden nicht von Stiftungen finanziert. Diese NGOs, die nicht Teil des Systems sind, verdienen unseren Applaus, so wie ihn jene verdienen, die ernsthaft für die Umwelt und Geschöpfe anderer Arten kämpfen und nicht das Geld der Multinationalen akzeptieren, um sich „grün anzumalen".

Auch heute gibt es Länder, die militärisch angegriffen werden und für ihr Überleben und ihre Selbstbestimmung kämpfen. Millionen von Bauern und Indigenen in Asien, Lateinamerika und Afrika kämpfen für ihr eigenes Land und ihr eigenes Leben gegen die Multinationalen der Agrarindustrie, der Minen der Fabriken oder der Energie. Sie kämpfen gegen die Deiche der Impregilo oder die Erdölbohrungen der ENI. In Indien, Indonesien, den Philippinen, Kolumbien, Mexico gibt es Bauernbewegungen… die Leute zeigen Widerstand, mancher wird dafür umgebracht, andere landen dafür im Gefängnis – und wir wissen nicht einmal davon.

„Schafft zwei, drei, schafft viele Vietnam!" Das heißt, hier und jetzt für die Länder, die militärisch von den Söldnern des globalen Kapitalismus angegriffen werden, zu kämpfen, für Syrien, für Libyen, für den Donbass, für die afrikanischen Staaten, die versuchen, den Ausverkauf ihre Landes zu bremsen und bedroht und erpresst werden; für die Leute im Omo-Tal im demokratischen Äthiopien, das von Obama und der Europäischen Union so gelobt wird, die aber mit Gewalt deportiert werden, um dem Intensivanbau durch Europäer und Saudi-Araber Platz zu machen und in ihrem Widerstand jede Art von Gewalt zu spüren bekommen; für die indischen Bauern, die gegen Coca Cola kämpfen, die die feuchten Erdschichten trocken legt. Und zu unserem Kampf – wenn wir wollen, dass er wirksam sei – gehört auch der kritische Konsum und der Boykott der Waren, die das globale Kapital produziert, indem es unterwirft, besetzt und versklavt. Wir müssen uns bewusst sein, dass die kapitalistische Maschinerie heute durch den Brennstoff unseres Konsums funktioniert.

Wir können viel machen, aber mit einer Anstrengung und einem Engagement, das nichts damit zu tun hat, einmal oder regelmäßig, unseren Obolus zu entrichten, um „den Armen zu helfen".

Das Weltsozialforum entstand genau deswegen, nämlich um die Kämpfe der Indigenen und Bauern des Südens der Welt mit denen der Bauern und Werktätigen des Westens und den Umweltschützern aller Kontinente zu vereinen. Es wurde von einem Teil der Organisationen, aus denen sie sich zusammensetzte, verschmutzt und verraten. Darunter waren auch viele NGOs. Man spuckt nicht in die Suppe, aus der man isst.

Wir können viel machen, mit der Solidarität und dem Kampf, und auch da können wir fortgeschrittenen Westler nur von den „Rückschrittlichen“ der Dritten Welt lernen.

"Jo kommt aus dem Tom-all-Alone's… im Gehen kaut er sein Stück schmutziges Brot. Da er noch durch viele Straßen gehen muss, in denen die Häuser noch verschlossen sind, setzt er sich zum Frühstück auf die Stufen der Gesellschaft zur Verbreitung des Evangeliums in fremden Ländern… Er bewundert die Dimensionen des Gebäudes und fragt sich, was es wohl sein möge. Der arme Kerl hat keine Ahnung von der spirituellen Verwahrlosung auf den Koralleninseln des Pazifik und davon, was es kostet, sich um die wertvollen Seelen zwischen den Kokospalmen zu kümmern…“

„Das einzige große Prinzip des englischen Rechts ist es, Geschäfte zu machen. Kein Prinzip, mit all den engherzigen Drehungen und Wendungen, wird mit mehr Vornehmheit, Sicherheit und Logik bewahrt. Unter diesem Gesichtspunkt wird das Recht ein kohärentes System und ist nicht mehr jenes monströse Labyrinth, wie es sich die Laien vorstellen. Sie mögen ein für alle Mal in aller Klarheit, verstehen, dass das Prinzip des Rechts es ist, Geschäfte zu machen – und zwar auf ihre Kosten. So werden sie aufhören, zu meckern.“
(Charles Dickens – “Bleakhaus”)